"全悦读"丛书

注音释义　名师点拨　精批详注

论语选译

李乡状　主编　"全悦读"丛书编委会　编

往事已过数千年，夫子言论永流传
人间沧海变桑田，儒家经典今人看

— 林非倾情作序推荐 —

陕西师范大学出版总社

图书代号　WX17N0694

图书在版编目(CIP)数据

论语选译／"全悦读"丛书编委会编.—西安:陕西师范大学出版总社有限公司, 2018.1(2023.12 重印)
("全悦读"丛书／李乡状主编)
ISBN 978-7-5613-9063-4

Ⅰ.①论⋯　Ⅱ.①全⋯　Ⅲ.①《论语》—译文
Ⅳ.①B222.24

中国国家版本馆 CIP 数据核字(2023)第 226033 号

论语选译
LUNYU XUANYI

"全悦读"丛书编委会　编

责任编辑／	韩娅洁
责任校对／	王　宏
排版制作／	北京紫英轩文化传播有限公司
出版发行／	陕西师范大学出版总社
	(西安市长安南路199号　邮编710062)
网　　址／	http://www.snupg.com
印　　刷／	陕西思维印务有限公司
开　　本／	720 mm×1020 mm　1/16
印　　张／	13
字　　数／	240千
版　　次／	2018年1月第1版
印　　次／	2023年12月第3次印刷
书　　号／	ISBN 978-7-5613-9063-4
定　　价／	42.80元

名人推荐

林 非

林非，著名学者、散文家，中国社会科学院研究生院教授、博士、研究生导师，历任中国散文学会会长、中国鲁迅研究会会长。

著有《鲁迅前期思想发展史略》《现代六十九家散文札记》《中国现代散文史稿》《文学研究入门》《鲁迅和中国文化》《离别》等；迄今共出版30余部著作；主编《中国散文大词典》《中国当代散文大系》等。

名师编写团队

郑晓龙	首都师大附中语文特级教师
蔡　可	北京大学文学博士，首都师范大学教育学院副教授
李春颖	首都师范大学语文教学教研室主任
徐　震	中央戏剧学院文学博士，首都师范大学文学院副教授
杨　霞	中国人民大学文学博士，首都师范大学新闻传播学系图书出版方向负责人
张四海	北京大学文学博士，首都师范大学文学院讲师
陈　虹	上海中学教学处主任，语文特级教师
李乡状	吉林摄影出版社副编审
李文铮	洛阳市第二外国语学校语文特级教师
赵景瑞	北京东城区教育研究中心副主任，特级教师

序言 Preface

读到生命的最后一天（代序）

天下的书籍确实是谁也无法读完的，我准备充分利用自己的余生，再读一些能够启迪思想和陶冶情操的书。

这几年出版的书实在太多了，用迅速浏览的速度都看不过来，某些书籍受到了人们的冷落，某些书籍赢得了人们的喝彩，似乎都显得有些偶然。不过在这种偶然性的背后，最终都表现出了时代思潮的复杂趋向，而并不完全由这些书籍本身的质量和写作技巧所决定。

近几年来，我围绕启蒙主义和现代观念的问题写了一些论文，目的是想引起共鸣或争论，以后还愿意在思想和文化这方面继续做些研究，因此想围绕这样的研究和写作任务，读一些过去没有很好注意的书，以便增加新的知识，更好地开阔视野，从纵横这两个方面，认认真真地去思考一些问题。譬如像黄宗羲的《明夷待访录》，我曾读过多遍，向来都是惊讶和叹服于他的平等观念与民主思想。为什么 300 多年前的明清之际，在古老的专制王朝统治的躯壳中间，会萌生出如此符合于现代生活秩序的思想见解来呢？这是一个孤立和偶然的思想高峰，还是从当时资本主义萌芽和不断滋长的土壤中间，必然会产生出来的呢？

如果想一想徐渭、李贽、袁宏道、汤显祖和徐光启这些杰出的名字，又应该得到什么样的结论呢？而他们与莎士比亚、塞万提斯和伽利略，又几乎是在同一个时代出现的，这里究竟有多少属于历史与未来的必然性呢？我想再好好地研究一番，力图做出比较满意的回答来。

如果生活在今天的人们，都能够达到 300 多年前黄宗羲那

1

样伟大思想家的境界，中国这一片辽阔的土地上，将会出现多少光辉灿烂的奇迹啊！可是为什么经过了300多年的漫长岁月，在今天生活里的绝大多数人，还远远没有达到他那样的思想境界呢？这难道不让人感到十分地丧气吗？

郁达夫说过："没有伟大的人物出现的民族，是世界上最可怜的生物之群；有了伟大的人物，而不知拥护、爱戴、崇仰的国家，是没有希望的奴隶之邦。"（《怀鲁迅》）这是说得很沉痛和感人的。

思考民族的前程、人类的未来，这很像听贝多芬的《第九交响曲》那样，常常会使自己激动不已，然而这就得广泛和深入地读书，否则是无法使自己的思考向前迈步，变得十分丰满和明朗起来的。我读了丘吉尔、戴高乐、阿登纳和赫鲁晓夫这些外国政治家写的回忆录，读了德热拉斯的《与斯大林的谈话》和《新阶级》，对于自己认识整个的当今世界，是起了很大作用的，我还想继续读一些这方面的书籍。

陶冶情操的音乐和美术论著，我已经读了不少，自然也得继续看下去。

我想读的书是无穷无尽的，只要还活着，我就会高高兴兴地读下去，自然在翻阅有些悲悼人类不幸命运的著作时，也会变得异常忧伤和痛苦，不过这是毫不可怕的，克服忧伤和痛苦的过程，不就是人生最大的欢乐吗？要想在社会中坚强地奋斗下去，就应该有这种心理上的充分准备。我会这样读下去的，读到生命的最后一天。

2016年12月21日

（有删节）

名师导航

作品速览

　　《论语》是儒家最重要的经典著作,是中华文化的代表作之一。本书写于春秋时期,是记录孔子及其弟子言行的书,共二十卷,11705个汉字,由孔子及其再传弟子编写,是首创语录体。"论"是一串的意思,"语"是话语,从字面上理解,《论语》即为言论的汇编。《论语》内容涉及广泛,融治国、育民、从教、致学、道德、做人为一体,鼓励修身自律、践礼行义、积极入世等,集中体现了孔子在政治、伦理、哲学、教育等方面的思想。这些思想对中国教育、文化和社会的发展具有极其深远的影响。

　　本书选取《论语》的经典版本,配以精当的注释和准确的译文,尤适于中学生阅读。

创作背景

春秋战国时期,各国混战不休,百姓生活苦不堪言,知识分子纷纷思考救国救民、解决社会矛盾的治国方略。各自的想法大不相同,于是形成不同的学说流派,这些流派之间相互批评,展开了激动人心的学术争鸣,先后出现了儒家、道家、墨家、法家等不同流派。儒家由孔子创立,最初指的是司仪,后来逐步发展为以尊卑等级的仁为核心的思想体系,是中国影响最大的流派,也是中国古代的主流意识。孔子一生有弟子3000人,其中特别优秀的有72人。孔子用他自己的言行给了他的弟子们深远的影响。孔子去世后,他的这些弟子将他和弟子们的言行整理汇编成一本书,这本书就是《论语》。

人物小站

孔子(约前551—前479)

名丘,字仲尼,鲁国人。春秋后期的思想家、教育家,儒家创始人。幼年丧父,家道中落,年轻时曾做过管粮仓、管放牧的小官。孔子34岁时,鲁大夫孟僖子之嗣孟懿子及南宫敬叔来向他学礼,从此,他开始授徒讲学。孔子的政治思想主张不被自己的国家鲁国所接纳，于是他便周游列国，一边宣扬自己的政治思想主张，一边为自己以后的生活谋出路。他从鲁国出发，大致经过了卫国、曹国、宋国、齐国、郑国、陈国、蔡国、楚国、等地，然后原路返回。从五十五岁到六十八岁，孔子带着他的若干亲近弟子，用了十几年的时间在鲁国周边游历。孔子不满以季氏为首的三桓擅权，孔子返回鲁国。这时鲁国三桓专权，孔子不想从政，便开始整理《诗》《书》《礼》《乐》等典籍，并扩大自己的教育事业，其弟子越来越多，影响越来越大。

冉耕（约前544—？）

春秋末鲁国人，字伯牛。为人端正正派，善于待人接物。在孔子弟子中，以德行与颜渊、闵子骞并称。因恶疾早逝。

冉求（前522—？）

春秋末鲁国人，字子有，亦称冉有。性格活泼爽快，多才多艺，以擅长"政事"著称。长期为鲁国季氏改革田赋。

仲由（前542—前480）

春秋末鲁国卞（今山东泗水县）人，字子路，又字季路。性格爽直，为人勇武，信守承诺，忠于职守，以擅长"政事"著称。事亲至孝，为《二十四孝》中"为亲负米"的主角。孔门十哲之一，弟子中年龄最大者，侍奉孔子最久。

曾子（前505—前432）

春秋末年鲁国人，字子舆，被尊称为曾子。性情沉静，举止稳重，为人谨慎，待人谦恭，以孝著称。编《论语》、著《大学》、写《孝经》、著《曾子十篇》，后世尊奉为"宗圣"。

颜渊（前521—前481）

春秋末鲁国人，字子渊，著名的学者、思想家。孔子的得意门生，他十四岁拜孔子为师，此后终生师事之。他为人谦逊好学，"不迁怒，不二过"，是七十二贤人之一。

闵子骞（前536—前487）

名损，字子骞，春秋末期鲁国人。孔子高徒，在孔门中以德行与颜回并称，为七十二贤人之一。他以孝著称，是我国历史上二十四孝子之一，是中华民族文化史上的先贤人物。

子贡（前520—前456）

端木赐，复姓端木，字子贡，春秋末年卫国人。孔子的得意门生，孔门十哲之一，"受业身通"的弟子之一，孔子曾称其为"瑚琏之器"。

卫灵公（前540—前493）

姓姬，名元，春秋时期卫国第二十八代国君，是史上著名的昏君之一，多猜忌，脾气暴躁，在史学上留下了不好的评价。而另一面，他擅长识人，知人善任，提拔了仲叔圉、祝鮀、王孙贾三个大臣，让他们合作，才使卫国的国家机器运行正常。

微子

姓子，名启，世称微子、微子启、宋微子，是商王帝乙的长子，殷商最后一个帝辛（纣王）的庶兄，周朝初年被周成王封于商丘，建立宋国，成为周朝宋国的始祖，后世因之称为宋微子。汉代因避汉景帝刘启之讳，改启为开。

公冶长（前519—前470）

姓公冶，名长，字子长，春秋时齐国人。孔子的弟子，也是孔子的女婿。他自幼家贫，勤奋好学，博览群书，终生治学而不仕，为七十二贤人之一，名列第二十位。

CONTENTS 目录

学 而 篇 / 1

为 政 篇 / 10

八 佾 篇 / 20

里 仁 篇 / 27

公 冶 长 篇 / 36

雍 也 篇 / 45

述 而 篇 / 52

泰 伯 篇 / 62

子 罕 篇 / 69

乡 党 篇 / 81

目录 >>> CONTENTS

先 进 篇 / 89

颜 渊 篇 / 98

子 路 篇 / 108

宪 问 篇 / 121

卫灵公篇 / 137

季 氏 篇 / 149

阳 货 篇 / 160

微 子 篇 / 171

子 张 篇 / 178

尧 曰 篇 / 188

学而篇

> **名师导读**
>
> 《学而篇》的中心论点是治学和做人。孔子认为要有正确的学习态度,知识的巩固与学习具有同样的重要性,只有学与讲相结合,才能学会知识的基本方法;孝悌是做人的根本,这也是孔子强调的做人的重要性。让我们一起来看看孔子的学习观和处世观吧!

1·1　子①曰:"学而时习②之,不亦说乎!有朋③自远方来,不亦乐乎!人不知,而不愠④,不亦君子⑤乎!"

【注释】

①子:《论语》"子曰"中的"子",均指孔子。古代尊称有学问、有德行的男子为"子"。

②习:一般解释为温习,古意还有实习之意。

③朋:朋友。这里指与孔子志同道合的一伙人。

④愠(yùn):恼怒,怨恨。

⑤君子:这里指的是有德行、品德高尚的人。

【译文】

孔子说:"学习了知识和技能之后,又经常复习它,不也是

名师指津

说(yuè),同"悦",喜悦。古代文字并未像现代这样分门别类,很多是以发音来定,"说"这个字在古代未必是说话的意思,至于为何跟"悦"通假,也是现代人根据古文思想的意思猜想,出处已无从考究。

论语选译

令人高兴的吗!有志同道合的人从远方来,不也是令人快乐的吗!别人不了解我,我也不怨恨,不也是有道德修养的人吗!"

1·2 有子曰:"其为人也孝弟①,而好犯上者,鲜②矣;不好犯上,而好作乱者,未之有也。君子务本③,本立而道生。孝弟也者,其为仁之本与④!"

【注释】

① 孝弟(tì):指孝顺父母和顺从兄长。弟,通"悌"。

② 鲜(xiǎn):少。

③ 本:这里指治国做人的原则。

④ 与(yú):同"欤",语气词。

【译文】

有子说:"孝顺父母,顺从兄长,而喜好冒犯长辈和上级的人是很少的,不喜好冒犯长辈和上级,而喜好造反作乱的人是没有的。君子应当致力于根本,做人和治理国家的根本确立了,治国做人的原则也就随之产生了。所以孝悌即为'仁'的根本啊!"

1·3 子曰:"巧言令色①,鲜矣仁!"

【注释】

① 令色:装出和颜悦色的样子。

◆名师释疑◆

有子:孔子的忠实弟子,姓有,名若。

道:在中国古代思想里,道有多种含义。此处的道,指孔子提倡的仁道,即以仁为核心的整个道德思想体系及其在实际生活中的体现。简单讲,就是治国做人的基本原则。

名师指津

这里提出了"孝悌即为'仁'的根本",对于理解孔子以仁为核心的哲学、伦理思想非常重要,"孝悌说"反映了宗法血缘社会的道德要求。

学而篇

【译文】

孔子说:"花言巧语,装出和颜悦色的人,这种人是很缺乏仁德的。"

1·4 曾子曰:"吾日三省吾身①:为人谋而不忠②乎?与朋友交而不信③乎?传不习乎?"

【注释】

① 三省(xǐng)吾身:多次自我反省、检讨。"三"不是实指,表示多次。省,检讨。

② 忠:这里是尽心竭力的意思。

③ 信:指人与人之间相互守信用。

【译文】

曾子说:"我每天多次检查自己的言行:为别人办事的时候,是否尽心竭力了呢?与朋友交往,有没有不讲信用的地方呢?老师所传授的东西,是否复习了呢?"

1·5 子曰:"道千乘国,敬①事而信,节用而爱人,使民②以时③。"

【注释】

① 敬:这里是慎重地对待,不怠慢的意思。

② 民:一般指广大劳动人民。

名师指津

此处的主张,是在求助他人之时首先求助自身,这也是儒家学说所含的一种历史和社会的使命感。

名师释疑

乘(shèng):乘就是辆,这里指古代军队的基层单位。这里的"千乘之国"指中等偏下的诸侯国。

论语选译

名师释疑

徭役：古时官府向人民摊派的无偿劳动。

子夏：孔子的忠实弟子，姓卜，名商，字子夏。

③ 以时：按照农时，意思指不耽误农时。

【译文】

孔子说："治理一个诸侯国家，对待国家的大事要严谨慎重，并且诚实守信，节约人力财力又爱护人民，让百姓服徭役，但不耽误农时。"

名师指津

孔子认为在学习知识之前应先尽孝道，这也正好证明了"孝"在孔子心中地位之高。

1·6 子曰："弟子，入①则孝，出②则弟，谨而信，泛③爱众，而亲仁。行有余力④，则以学文。"

【注释】

① 入：这里指进入父母的住处。

② 出：这里指离开自己住的房屋。

③ 泛：广泛。

④ 行有余力：指有剩余的精力、闲暇的时间。

【译文】

孔子说："年轻人，在家要孝顺父母，出门要顺从兄长，做事情要谨慎而有信用，博爱众人，亲近有仁德的人。如果做了这些还有余力，就用来学习古代典籍，进一步丰富自己。"

名师指津

这段话表达了儒家传统对人的道德从家庭伦理到社会伦理的一个发生过程，是儒家理论的一个基本理论链条。

1·7 子夏曰："贤贤①，易色②；事父母，能竭其力；事君，能致其身③；与朋友交，言而有信。虽曰未学④，吾必谓之学矣。"

【注释】

①贤贤：以贤者为贤。尊重贤哲，将努力向他学习。前一个"贤"字用作动词，后一个"贤"字用作名词。

②易色：不注重容貌的意思。易，轻视的意思。色，容貌，指女色。

③致其身：委致其身。致，犹委也。

④未学：未读过古代经典文化典籍。

【译文】

子夏说："如果一个人能尊重贤者，不看重女色；侍奉父母时，能竭尽全力；服侍君主，能够委致其身，忘己忘家；在朋友交往中，能诚实守信。那么这样的人，即使他谦虚地说自己没有读过很多古籍经典，我也一定认为他已经学过了。"

名师指津

此处接着证明学问的目的，不是文学，不是知识，而是做人做事。

1·8　子曰："君子不重①则不威，学则不固；主忠信，无友不如己者，过，则勿惮改。"

【注释】

①重：庄重。

【译文】

孔子说："君子，行为举止不严肃就没有威仪；学习态度不庄重，所学的知识也不稳固；投靠忠信的人，不要与不如自己的人交朋友；如果犯了错误，就不要害怕改正错误。"

名师释疑

主忠信：投靠所谓忠信的人。主，这里是亲近、投靠的意思。

名师指津

此处孔子提出了君子应当具有的品德，对待过失的正确态度，这对于理解儒家思想具有重要的意义。

名师释疑

终：父母死亡，这里引申为丧事，丧葬礼仪。

子禽(qín)：孔子的弟子，姓陈，名亢，字子禽。

名师指津

此处讲述"慎终追远"的丧祭之礼于家于国的重要性。

名师指津

《论语》是一部记录言行的经典，很多重要的思想都是通过问答的方式表现出来的。

1·9 曾子曰："慎终，追远①，民德归厚②矣。"

【注释】

① 追远：祭祀祖先。远，指祖先，元祖。

② 归厚：归于淳厚。厚，忠厚，淳厚。

【译文】

曾子说："要慎重地办理父母的丧事，虔诚地祭祀祖先，这样社会风气自然会逐渐趋向淳朴，百姓的德行也会趋于淳厚。"

1·10 子禽问于子贡曰："夫子至于是邦①也，必闻其政②，求之与，抑与之与？"子贡曰："夫子温、良、恭、俭、让③以得之。夫子之求之也，其诸④异乎人之求之与？"

【注释】

① 邦：指诸侯国家。

② 政：政事、政治。

③ 温、良、恭、俭、让：温顺，善良，恭敬，俭朴，谦让。

④ 其诸：语气词，表推测。这里是或者、大概的意思。

【译文】

子禽问子贡："我们的老师到了一个国家，必定会知晓那个国家的政治事务。这些情况是老师自己用心探问来的呢？还是那些国家的君主自愿告诉老师的呢？"子贡回答道："老师性格平和善良，行为恭敬有礼，节制克己，为人谦逊。正因为这样，老师才能获得自己想要了解的情况。所以我们老师获取那个国家的政治事务的方式，大概和别人的方法不一样吧？"

1·11 子曰："父在，观其志①；父没，观其行；三年无改于父之道②，可谓孝矣。"

【注释】

①志：即意愿，心中的向往。

②道：主张，规范，原则。

【译文】

孔子说："一个人，当他父亲在世的时候，要观察他的志向；在他父亲去世后，要考察他的行为，如果在守孝期间，他能坚持父亲生前正确的事情，而且长时间不改变他父亲定立的规矩，这样的人可以说是孝了。"

1·12 有子曰："礼之用，和为贵。先王①之道，斯②为美。小大由之，有所不行，知和而和，不以礼节③之，亦不可行也。"

【注释】

①先王：这里指的是春秋时代以前那些贤明的帝王君主。

②斯：这儿，这里的意思，指代上文中的"礼"和"和"。

名师指津

孔子对于一个国家的了解是通过行为恭敬有礼、节制克己、为人谦逊等优秀的品质获取的，所以我们也要学习这种良好的品质。

名师释疑

三年：按周礼规定，父亲死后，儿子要守孝三年，这里是多年的意思。

名师指津

此处主要讲了孝道，把"孝"字具体化，片面强调儿子对父亲的依从。

名师指津

"和"是儒家所特别倡导的伦理、政治和社会原则。礼，是指社会的典章制度和道德规范。

论语选译

③节：节制，约束。

【译文】

有子说："在治理国家的时候，要把和谐放在第一位。以前的那些贤明君主的治国方法，好就好在这里。但是小事大事如果只依照和谐的方法去做，就不一定都能行得通。因为如果为了和谐而刻意追求，不用礼制加以约束，也是行不通的。"

名师指津

在强调以和为贵时，又指出不能为和而和，要以礼节制之，儒家所提倡的和并不是无原则的和。

名师释疑

义：这里是合理、适宜的意思，同时也指儒家提倡的伦理道德标准。

1·13 有子曰："信近于义，言可复①也。恭②近于礼，远耻辱也。因③不失其亲，亦可宗④也。"

【注释】

①复：实践，践行的意思。

②恭：恭敬，有礼貌。

③因：依靠，凭借。

④宗：尊崇，这里是可靠的意思。

【译文】

有子说："人要讲信用，要符合于义的标准，这样，说过的话才能实行。对别人态度要恭敬，有礼貌，要符合于礼仪，才能避免别人的羞辱。依靠自己所尊崇的人，这样才是靠得住的。"

名师指津

接人待物时要讲信用。有信用、有礼貌的人才会被人信任和尊敬。

名师赏析

　　孔子的德育教育,没有校园的局限,家庭、学校、社会、对己、对人融为一个整体。孔子重信,重礼,重孝,以这些信条构成儒家思想的核心要义,需要细细体会。儒家伦理、治学规范在今天仍具有鲜活的生命力和鲜明的针对性,可谓亘古常新。

学习借鉴

好词

　　千乘之国　花言巧语　先王之道　举一反三　为人处世

好句

* 学而时习之,不亦说乎!

* 孝弟也者,其为人之本与!

* 吾日三省吾身。

思考与练习

　　1.我们已经学习了《论语·学而篇》,请大家想想,其中有哪些是讲"孝"的?

　　2.读完了《论语·学而篇》,你都有哪些感悟呢?

为政篇

名师导读

《为政篇》是《学而篇》的一个延续。学习之初要有美德，学习运用中，美德之用也是无法或缺的。如开篇第一句"为政以德，譬如北辰，居其所而众星共之"，用道德来治理国家才会使自己像北极星一样，别的星辰都围绕它。让我们一起来认识一下孔子"为政以德"的政治思想吧！

名师释疑

共：同"拱"，环抱、环绕的意思。

名师指津

孔子主张"为政以德"，它代表了孔子的为政思想，强调道德对政治生活的决定作用，主张以道德教化为治国的原则。

2·1　子曰："为政以德①，譬如北辰②，居其所而众星共之。"

【注释】

①为政以德：以德行来治理国家。以，用的意思。德，伦理道德。

②譬如北辰：譬，好像。北辰，北极星。

【译文】

孔子说："君主用道德教化治理国家，就会像北极星那样，待在自己的位置上，自己的子民就会像群星一样环绕在他的周围。"

2·2　子曰："《诗》三百，一言以蔽①之，曰：'思无邪'。"

【注释】

①蔽：概括。

【译文】

孔子说："《诗经》三百篇，可以用一句话概括它的主旨，就是'思想纯正'。"

2·3　子曰："道之以政①，齐②之以刑，民免而无耻；道之以德，齐之以礼，有耻且格。"

【注释】

①道之以政：用强治性的法令来治理国家。道，同导，即治理，领导。政，政策法令。

②齐：整治，约束。

【译文】

孔子说："用政策法令来治理老百姓，用刑法来约束他们，老百姓虽然能够暂时约束自己的行为，避免了犯罪，但还是不知道犯罪是可耻的；用道德来教化引导老百姓，用礼仪来约束他们的言行，老百姓就会有了羞耻之心，并且守规矩，人心也会归服于君主。"

【名师释疑】

无耻：做了坏事不知羞耻，没有羞耻之心。

格：这里有方正、归正的意思。

【名师指津】

此处讲述刑罚只能避免犯罪，但不能让人知道犯罪的可耻，道德教化比刑罚更有利。

名师指津

说明一个人的自身修养要经过长期的学习和磨炼来获取。

2·4 子曰:"吾十有五而志于学,三十而立①,四十而不惑②,五十而知天命,六十而耳顺,七十而从心所欲,不逾矩。"

【注释】

① 立:这里是自立,立身处世的意思。

② 惑:困惑、迷惑。

【译文】

孔子说:"我十五岁立志要好好学习。三十岁时我已经学成自立,四十岁时做事不再迷惑,五十岁懂得了天命,六十岁时别人说的话,能听得进去,而且能加以分辨。七十岁心里怎样想就怎样做,也不会做超出规矩的事情了。"

名师释疑

天命:上天(自然的实体代表)的意志;也指上天主宰之下的人们的命运。

孟懿子:鲁国的大夫,姓孟孙,名何忌。

何谓也:说的是什么意思。

事:侍奉,伺候。

2·5 孟懿子问孝,子曰:"无违①。"樊迟②御③,子告之曰:"孟孙④问孝于我,我对曰'无违'。"樊迟曰:"何谓也?"子曰:"生,事之以礼;死,葬之以礼,祭之以礼。"

【注释】

① 无违:不违背礼制的意思。

② 樊迟:孔子的学生,姓樊,名须,字子迟。

③ 御:驾驭马车。

④ 孟孙:指孟懿子。

【译文】

孟懿子问孔子什么是孝道，孔子说："孝道就是不要违背礼制。"一次，樊迟给孔子赶马车，孔子对他说："孟孙氏问我什么是孝道。我回答他说，就是不要违背礼制。"樊迟问："您这句话是什么意思呢？"孔子说："父母活着的时候，按礼仪侍奉他们；父母死后，按礼制埋葬他们，祭祀他们时，也要依照礼制的规定。"

2·6 子游问孝，子曰："今之孝者，是谓能养。至于犬马，皆能有养。不敬，何以别①乎？"

【注释】

① 何以别：用什么来区别的意思。

【译文】

子游问孔子什么是孝道，孔子说："现在人们认为的孝道，就是能够养活父母就行了。但是狗、马都能得到饲养，如果不按礼制去做，对父母没有真诚的孝心，那赡养父母和饲养动物还有什么区别呢？"

名师指津

祭祀是华夏礼典的一部分，是儒家礼仪中主要部分的。祭祀对象分为三类：天神、地只、人鬼。天神称祀，地只称祭，宗庙称享。

名师释疑

子游：孔子的门徒，姓言，名偃，字子游。

养：供奉饮食、赡养父母。

论语选译

2·7 子夏问孝,子曰:"色^①难。有事,弟子服其劳;有酒食,先生馔^②,曾是以为孝乎?"

【注释】

① 色:脸色,指和颜悦色。

② 馔(zhuàn):饮食。

【译文】

子夏问孔子什么是孝道,孔子说:"儿女孝敬父母,最难的是侍奉父母时要和颜悦色。如果只是在父母有事的时候,替父母去做;有了好的食物,让父母吃,难道这样做就能认为是孝了吗?"

2·8 子曰:"吾与回言终日,不违^①,如愚。退而省^②其私,亦足以发,回也不愚。"

【注释】

① 违:这里是指不同的意见。

② 省(xǐng):观察、考察的意思。

【译文】

孔子说:"我给颜回讲解学问,讲了一整天,他从来没有提出不同的意见,看起来好像很愚笨。可是我私下考察他的言行,发现他对我所传授的知识完全掌握、理解,并且能有所发挥。由此可见,颜回并不愚笨啊。"

名师指津

不仅要从形式上按周礼的原则侍奉父母,而且要从内心深处真正地孝敬父母。

名师释疑

曾(céng):副词,这里是难道的意思。

和颜悦色:脸色和蔼喜悦,形容和善可亲。

回:孔子弟子,姓颜,名回,字子渊,又称颜渊。深受孔子器重与厚爱,被认为是孔子事业的接班人。

发:阐述,发挥。

2·9 子曰:"视其所以,观其所由①,察其所安②。人焉廋哉?人焉廋哉?"

名师释疑

廋(sōu):隐瞒,隐藏。

【注释】

① 所由:经由,来历。这里指走过的道路。

② 安:安心,安于。

【译文】

孔子说:"了解一个人,最重要的是观察他言行的动机,再观察他做事情的方法、来历,最后还要考察他心中所想的是什么。用这种方法认真考察一个人,这个人怎能隐藏得了呢?这个人怎能隐藏得了呢?"

名师指津

孔子认为,对人应听其言,观其行,全面了解一个人。

2·10 子曰:"温故而知新①,可以为师矣。"

【注释】

① 新:这里指新的知识、新的学问。

【译文】

孔子说:"温习旧的知识,由此获得新的知识、新的见解,这样的人就可以作为别人的老师了。"

名师指津

温习旧的知识,由此获得新的知识,这一学习方法在当今的学习生活中同样有着重要的指导意义。

论语选译

2·11 子曰:"君子不器①。"

【注释】

① 器:器具,比喻只有一种知识、才能或技艺。

【译文】

孔子说:"君子不要像器具那样只有某一方面的用途,而应当多才多艺。"

2·12 子曰:"学而不思①则罔,思而不学则殆。"

【注释】

① 思:思考,考虑。

【译文】

孔子说:"只学习而不深入思考所学过的知识,就会感到困惑而毫无收获。只是苦思冥想而不学习,那就很危险了。"

2·13 子曰:"由!诲女①,知之②乎?知之为知之,不知为不知,是知③也。"

【注释】

① 女:同"汝","你"的意思。

② 之:本段三个"之"字都指孔子传授给学生的知识学问。

名师指津

君子应当博学多识,有多方面的才干。

名师释疑

罔(wǎng):同"惘",迷惑,困惑而无所收获。

殆(dài):危险。

由:是孔子的忠实弟子,鲁国人。姓仲,名由,字子路,又字季路,是孔子七十二贤人之一。

名师指津

告诉人们,要虚心学习,不要不懂装懂。

③知：同"智"，明智，聪明。

【译文】

孔子说："子路啊！我教导你的话，你都知道了吗？知道就是知道，不知道就是不知道，这才是真正的智慧呀！"

2·14 子张学干禄①。子曰："多闻阙②疑，慎言其余，则寡尤③；多见阙殆，慎行其余，则寡悔。言寡尤，行寡悔，禄在其中矣。"

> 《名师释疑》
> 行：是行动的意思。

【注释】

①干禄（lù）：指追求官职。干，求，追求。禄，古代官吏的俸禄。

②阙：同"缺"，这里有保留的意思。

③尤：过失。

【译文】

子张向孔子请教谋求升官发财的方法。孔子说："想升官发财，要多听取各方面的意见，有所怀疑的加以保留，其余有把握的地方要谨慎地处理，这样自己就能少犯错误；同时要多看别人怎样做事情，有危险的部分要避开，其余有把握的部分，处理的时候也要谨慎，这样就能减少犯错，对自己的行为不后悔。如果这样做了，说话少犯错误，做事减少失误，少后悔，获得官职俸禄的机会也就在其中了。"

> 《名师指津》
> 这是本篇的一个转折，前面讲的是做人者、为政者的基本素质，而从本节便转到了具体的问题。

论语选译

名师释疑

哀公：鲁国国君，鲁定公的儿子，姓姬，名蒋。

孝慈：爱护年纪小的人。

不能：指才能低下的人。

名师指津

孔子主张选拔人才需要看中他的品德行为，这一主张在当今社会也具有指导意义。

名师指津

此处依然延续孔子为政的思想，主张"礼治""德治"。

2·15 哀公问曰："何为则民服？"孔子对曰："举直错诸枉①，则民服；举枉错诸直，则民不服。"

【注释】

①举直错诸枉：提拔正直的人，将其位置放到邪恶的人之上。举，选拔。直，正直、公平。错，同"措"，放置。枉，不正直。

【译文】

鲁哀公问孔子："怎样做才能使老百姓服从呢？"孔子回答说："必须选拔正直的人，把他们放在邪恶的人职位之上，老百姓就服从了；如果选拔了行为不正的邪恶的人，把他们的职位放在正直的人之上，老百姓就不服从了。"

2·16 季康子问："使民敬、忠以劝①，如之何？"子曰："临②之以庄，则敬；孝慈，则忠；举善而教不能，则劝。"

【注释】

①劝：勉励，努力。

②临：对待。

【译文】

季康子问孔子："要使老百姓尊敬执政的人、尽忠而又努力工作，应该怎么办呢？"孔子说："你用恭敬、庄重的态度来对待他们，他们就会尊敬你；你孝顺父母，爱护儿女，他们就会忠诚于你；你选用品德高尚、善良的人，又教育并引导各方面能力差的人，老百姓就会相互勉励，努力工作了。"

名师赏析

在"德"的主题下，又穿插了学习，"温故而知新，可以为师矣""学而不思则罔，思而不学则殆"是我们耳熟能详的谈论学习的经典名言，很难和为政相联系，但是无论做什么，都需要不断地进行学习、实践、思考，再学习、再实践、再思考一个循环往复的过程。

学习借鉴

好词

为政以德　从心所欲　和颜悦色　袖手旁观　三十而立

好句

* 为政以德，譬如北辰，居其所而众星共之。
* 温故而知新，可以为师矣。

思考与练习

1. 写一篇《论语·为政篇》300字的读后感。
2. 为什么孔子对不同的人关于孝道的问题的回答都不一样呢？

八佾篇

名师导读

《八佾篇》通篇都与礼仪相关。中国素有"礼仪之邦"之称，可见礼仪的重要性。虽然随着时间的变迁，很多礼仪的内涵已经被忘却，而仅仅变成形式，但是无规矩不成方圆，一切需要礼仪进行规范，社会才会秩序井然。

名师指津

此处由孔子评论季氏引起。季氏，指季平子，鲁国大夫。周礼规定，天子用八佾，诸侯用六佾，大夫用四佾，士用二佾。季氏是大夫，只能用四佾，即三十二人，而他却越级用了八佾，孔子认为这是一种不可容忍的僭礼行为。

3·1 孔子谓季氏："八佾①舞于庭，是可忍也，孰②不可忍也？"

【注释】

①八佾（yì）：古时候，乐舞的行列中，一佾八人，八佾就是六十四人。佾，列、行。

②孰：疑问代词，什么事。

【译文】

孔子谈论季氏的时候说："季氏竟敢在自己家庙的庭院中使用周天子的规格，让六十四人为他举行乐舞。这样的事情他也能去做，还有什么事情是他不敢做的呢？"

八佾篇

3·2 三家者以《雍》①彻②。子曰："'相维辟公③,天子穆穆',奚取于三家之堂?"

【注释】

①《雍》:《诗经·周颂》中的一篇。这首诗是古代天子在祭宗庙完毕后撤除祭品时唱的。

②彻:同"撤",撤去,撤除。

③相维辟公:相,助祭的人。维,语助词。诸侯,王公大臣。

【译文】

孟孙氏、叔孙氏、季孙氏三个家族祭祀完祖先的时候,让乐工唱着《雍》这首诗歌来撤除祭品。孔子说:"《雍》中这两句话是说:'祭祀的时候,诸侯在一旁帮助祭祀,天子严肃静穆地在那里主持祭祀。'你们三个卿大夫家族怎么能在祭祀祖先庙堂上用这样的诗句呢?"

3·3 子曰:"人而不仁①,如礼何?人而不仁,如乐何?"

【注释】

①仁:这里是仁德的意思。

【译文】

孔子说:"一个人如果没有仁德,礼仪对他还有什么意义呢?一个人如果没有仁德,那么乐对他又有什么意义呢?"

◆名师释疑◆

三家者:孟孙氏、叔孙氏、季孙氏,他们都是鲁桓公的后代,又称"三桓"。

何:拿礼怎么办?这里指不能用礼。

名师指津

这句话突出孔子对于孟孙氏、叔孙氏、季孙氏三个家族超越礼制的行为表示愤慨,这也是孔子政治思想的重要体现。

论语选译

名师指津
此句出自《诗经》，指笑得好看，眼睛妩媚，素雅装扮更为美丽。

名师释疑
商：指子夏。

3·4 子夏问曰："'巧笑倩兮，美目盼兮，素以为绚兮。'何谓也？"子曰："绘事后素。"曰："礼后乎？"子曰："起①予②者商也！始可与言《诗》已矣。"

【注释】

① 起：发挥，启发。
② 予（yú）：我。

【译文】

子夏问孔子："《诗经》说：'笑得真好看呀，美丽的明亮眼睛真妩媚呀，用素粉色的胭脂装扮起来就更加漂亮了。'《诗经》里的这几句话是什么意思呢？"孔子回答说："绘画的时候，要先打好白色的底子，然后再画画。"子夏接着问："那么，是不是礼节仪式应该放在仁德之后呢？"孔子说："子夏呀，你真是启发了我呀，现在我可以同你讨论《诗经》了。"

名师指津
从"绘事后素"中领悟到仁先礼后的道理。

3·5 子曰："周监①于二代②，郁郁乎文哉！吾从周！"

【注释】

① 监（jiàn）：同"鉴"，借鉴。
② 二代：指夏、商两个朝代。

【译文】

孔子说："周代的政治礼乐制度是借鉴夏朝、商朝二代的制度而建立发展起来的，它的内容多么繁盛丰富啊！我遵从周代的礼乐制度！"

3·6　子曰："射①不主皮②，为力不同科，古之道也。"

【注释】

①射：这里指比赛射箭。

②不主皮：这里指射箭是以射中箭靶子与否为主，不在于射穿箭靶子。皮，用兽皮做成的箭靶子。

【译文】

孔子说："比赛射箭的时候，最重要不在于穿透箭靶子，只要射中就可以了。因为每个人的力气有大有小，自古以来的规矩都是这样。"

3·7　子贡欲去①告朔之饩羊②。子曰："赐也！尔爱其羊，我爱其礼。"

【注释】

①去：废除。

②告朔之饩（xì）羊：古代的一种制度。朔，每月的第一天。饩羊，用作告庙祭品的活羊。

【译文】

子贡想要废除鲁国每月初一祭祖庙时用活羊祭祀的活动。孔

名师指津

孔子认为历史是不能隔断的，是继承沿袭的。

名师释疑

为力不同科：这里指每个人的力气大小不同。科，等级。

名师指津

子贡想废除掉用活羊祭祖庙的活动，按照周朝礼节，周天子每年秋冬之际，把第二年的历书颁给诸侯，诸侯把历书放在祖庙，按照历书规定每月初一来祖庙，杀一只活羊祭庙，表示每月听政开始。

论语选译

名师指津
孔子认为周朝的礼仪制度比一只羊的性命重要得多，表明孔子维护礼制的立场。

子说："子贡啊！你爱惜的是那头羊，我却爱惜的却是那个礼仪制度啊！"

3·8 子曰："事①君尽礼，人以为②谄也。"

【注释】

①事：侍奉，服务。

②以为：认为。

【译文】

孔子说："我侍奉君主，完完全全按照周朝的礼仪制度去做，别人却以为我这样做，是在巴结奉承君主呢。"

3·9 定公①问："君使②臣，臣事君，如之何？"孔子对曰："君使臣以礼，臣事君以忠。"

【注释】

①定公：鲁国君主，姓姬，名宋。

②使：役使，使用。

名师指津
这里体现了孔子君臣之礼的主要内容，侧重于对君的要求，强调以礼侍臣。

【译文】

鲁定公问孔子："君主应该如何使用臣子，臣子又该如何侍奉君主呢？"孔子回答说："君主应该按照礼制来使用臣子，臣子应该以忠诚的态度来侍奉君主。"

3·10　子曰:"《关雎》乐而不淫①,哀而不伤②。"

【注释】

①淫:这里指过分、不适当的意思。

②伤:悲哀。

【译文】

孔子说:"《关雎》这篇诗中,有快乐但却不过分;有些忧愁但却不悲伤。"

> **名师指津**
> 有快乐但却不过分,有些忧愁但却不悲伤,反映了孔子认为男女爱情观要有度,不能过分的认知。体现了他的中庸思想。

3·11　子语(yù)鲁大师乐,曰:"乐其可知也:始作,翕①如也;从(zòng)之,纯②如也,皦③如也,绎如也,以成。"

【注释】

①翕(xī):协调。

②纯:形容声音的纯正和美好。

③皦(jiǎo):音节清晰分明。

【译文】

孔子和鲁国乐官谈论演奏音乐的道理。孔子说:"演奏音乐的道理是可以知晓的:刚开始演奏的时候,各种声音很协调;接着,音乐展开来,声音悠扬悦耳,音节分明,又连绵不断,这样就演奏出一篇优美的乐章。"

> **名师指津**
> 孔子在音乐方面有很深的造诣,他对音乐的要求也不只是悦耳,同时也要符合做人的道理,从而达到教育人民的作用。

论语选译

名师赏析

孔子所指的礼并非是一般意义上的礼，它的意义是非常广泛的，它超越了现在法律所涵盖的范围，它规范了人与人之间的准则，如父子之间、君臣之间、朋友之间、长幼之间等，同时也规范了国家运作的种种制度。

学习借鉴

好词

绘事后素　谄媚奉承　美目盼兮　连绵不绝　号令天下

哀而不伤　乐而不淫　人而不仁　素以为绚兮

好句

* 八佾舞于庭，是可忍也，孰不可忍也！

* 君使臣以礼，臣事君以忠。

思考与练习

我们已经学习了《论语·八佾篇》，请大家回顾一下，文中有哪些是讲"礼"的？

里仁篇

名师导读

《里仁篇》是论语核心思想"仁"的重点阐述,在《论语》中占据着重要位置。阐述了"仁"最基本的存在范围,如何去做一个有仁德的人,君子与小人之别,全篇都是围绕"仁"这一是非辨别标准进行的。

4·1　子曰:"里①仁为美。择不处②仁,焉得知③?"

【注释】

①里:动词,居住。

②处(chǔ):居住。

③知:同"智"。

【译文】

孔子说:"跟有仁德的人住在一起,是一件很好的事。如果选择在缺少仁德的地方居住,不是跟有仁德的人在一起,怎么能说这是个明智的做法呢?"

名师指津

道德修养既是个人自身的学习,也离不开外界环境的影响。所谓近朱者赤、近墨者黑,重视居住环境,重视对朋友的选择,是儒家一贯注重的问题。

论语选译

名师指津
此句是希望人们注意个人的道德情操,在任何环境下都矢志不移,抱持气节。

4·2 子曰:"不仁者不可以久处约①,不可以长处乐②。仁者安仁,知者利仁③。"

【注释】

① 约:贫困,贫穷。

② 乐:富贵,安乐。

③ 知者利仁:聪慧之人懂得利用仁。知,通"智"。

【译文】

孔子说:"没有仁德的人,不能长久地过贫困的生活,也不能长久地过安乐的生活。有仁德的人用施行仁道的方法来求得自己的心安,有智慧的人认识到仁道对自己有长远的好处,因此才能遵照仁德的准则办事。"

4·3 子曰:"我未见好①仁者,恶不仁者。好仁者,无以尚②之;恶不仁者,其为仁矣,不使不仁者加乎其身。有能一日用其力于仁矣乎?我未见力不足者。盖有之矣,我未之见也。"

名师指津
这是一句倒装句,应为"我未见之也",没有见过这样的人或者事情。

【注释】

① 好(hào):喜欢,喜爱。

② 尚:超过,超出。

28

【译文】

孔子说:"我没见过爱好仁德的人,也没有见过厌恶不仁的人。爱好仁德的人,是不能再好的了;厌恶不仁的人,在实行仁德的时候,不会让不仁德的人影响自己。有谁能通过自己的力量,用一整天的时间去实行仁德的吗?我还没有看见过力量不够的人。这种人肯定是有的,但是我没见过。"

名师指津
在当时动荡的社会,爱好仁德之人已不多,但孔子认为只要靠自己努力,是完全可以达到"仁"的境界的。

4·4 子曰:"人之过①也,各于其党②。观过,斯③知仁矣。"

【注释】

① 过:过错,错误

② 党:集团、团体、派别。

③ 斯:就。

【译文】

孔子说:"人们所犯的错误,错误性质总是同他所处的那个集团有密切关系的。所以,考察一个人犯的是什么错误,就能知道他是哪一类人了。"

名师指津
从另一角度讲了加强道德修养的重要性。

4·5 子曰:"朝闻道①,夕死可矣。"

【注释】

① 道:真理、道理。

论语选译

名师指津

这是儒家的道德价值观，孔子的"杀身以成仁"、孟子的"舍生取意"，都是这一价值观的体现。

名师释疑

士：具有一定文化知识和技能的人。

未足：不值得。

名师指津

孔子认为在追求真理的道路上，不要对生活的条件这么在意，不能因为衣行住行等简陋而放弃远大的志向。

【译文】

　　孔子说："早晨通晓了圣人的道理，即使当晚死去，也没有遗憾。"

4·6　子曰："士志于道，而耻恶①衣恶食者，未足与议也。"

【注释】

　　①恶：这里是粗陋的意思。

【译文】

　　孔子说："有志学习和探求圣人真理的读书人，不会把吃的食物不好、穿的衣服粗陋当作是耻辱的，同这种人谈论真理是不值得的。"

4·7　子曰："君子怀①德，小人怀土；君子怀刑②，小人怀惠。"

【注释】

　　①怀：动词，指心中在想的是什么。
　　②刑：典刑，所谓的法度。

【译文】

　　孔子说："君子想的是怎样推行仁德，小人想的是怎样得到一个安逸之处；君子想的是怎样才能不触犯刑法，小人想的是怎样才能对自己有利。"

里仁篇

4·8 子曰:"放于利而行,多怨①。"

【注释】

① 怨:这里指他人的怨恨。

【译文】

孔子说:"只根据自己的私利行事,就会招来很多的怨恨。"

4·9 子曰:"见贤①思齐②焉,见不贤而内自省也。"

【注释】

① 贤:贤人。

② 齐:看齐。

【译文】

孔子说:"看见贤人,就应该反省一下自己,向他看齐;看到不贤的人,就应该自我反省,检查自己身上有没有类似的缺点。"

4·10 子曰:"事父母几①谏。见志不从,又敬不违②,劳③而不怨。"

【注释】

① 几(jī):轻微、委婉。

② 违:违抗、违反。

名师释疑

放(fǎng):同"仿",效法,引申为追求。

怨:内心忧虑、忧愁。

名师指津

具有高尚人格的君子,不会总在乎个人的得失。

名师指津

这句话告诉我们应该从别人身上发现优缺点,并且与自身比较,检查自己,反省自己,学习别人的优点,摒弃缺点。

论语选译

③劳：劳心，担忧。

【译文】

孔子说："侍奉父母的时候，要委婉地劝说他们做错的地方。劝说过后，看到父母从心里不愿听从自己的意见，还是要对他们恭恭敬敬，不违背他们的意愿。自己内心虽然忧虑，但不怨恨。"

4·11 子曰："父母在，不远游，游必有方①。"

【注释】

①方：方位，这里指一定的地方。

【译文】

孔子说："父母在世的时候，不能长时间远离家乡；如果要离开，也必须有一个规定的地方。"

4·12 子曰："三年①无改于父之道②，可谓孝矣。"

【注释】

①三年：这里是概数，指长期。

②道：这里指父亲的理想、主张、规矩。

【译文】

孔子说："长期不改变父亲的处世原则和风格，就可以称得上是孝了。"

名师指津

"父母在，不远游"是儒家关于"孝"字道德的具体内容之一。

4·13 子曰:"父母之年①,不可不知也。一则以喜②,一则以惧。"

【名师释疑】
惧:为父母的身体衰老而担心恐惧。

【注释】

① 年:年龄。

② 喜:为父母的长寿健在而欢喜。

【译文】

孔子说:"父母的年纪要记在心中,不能不知道。一方面因为他们健康长寿而高兴,一方面因为他们年纪大了逐渐衰老而担忧。"

4·14 子曰:"古者言之不出,耻①躬②之不逮③也。"

【注释】

① 耻:认为羞耻。

② 躬:亲自、自身。

③ 不逮:赶不上。这里是做不到的意思。

【译文】

孔子说:"古代的人不轻易把话说出,他们会因为以自己说到但做不到的事情而感到羞耻。"

名师指津
孔子一贯主张谨言慎行,不轻易允诺,不轻易表态。

论语选译

名师指津

约，指约束，这里的"约"是指"约之以礼"，即用周礼来约束自己，并以此作为行为规范来要求自己，犯错误的机会就会非常少。

名师释疑

讷（nè）：说话迟钝，这里指说话要谨慎。

数（shuò）：多次，次数频繁。

疏：疏远。

4·15 子曰："以约失之者鲜①矣。"

【注释】

①鲜（xiǎn）：少。

【译文】

孔子说："用周礼来约束自己后还犯错误的人太少了。"

4·16 子曰："君子欲讷于言，而敏①于行。"

【注释】

①敏：快速、敏捷。

【译文】

孔子说："君子说话要谨慎，而行动要敏捷。"

4·17 子游曰："事君数，斯①辱②矣；朋友数，斯疏矣。"

【注释】

①斯：就。

②辱：羞辱。

【译文】

子游说："侍奉君主时，如果过于烦琐，就会遭到侮辱；对待朋友，如果过于烦琐，就会被疏远。"

名师赏析

仁,并非只能存在大道理中,也存在生活琐事之中。居住的地方人与人之间的相处,居住地人们的修养,都可以上升为仁。人与人之间形成社会,社会风气来自人与人之间的相处之道,这便是仁最本初的意思。

学习借鉴

好词

里仁为美　仁者安仁　知者利仁　君子怀德　小人怀土

好句

* 仁者安仁,知者利仁。
* 见贤思齐焉,见不贤而内自省也。
* 朝闻道,夕死可矣。

思考与练习

1. 写一篇关于《论语·里仁篇》的300字的读后感。

2. 读着孔子关于"仁"的这些言论,我们在生活中还有哪些做得不够的地方?

公冶长篇

名师导读

《公冶长篇》以谈论"仁德"为主。在本篇里,孔子和他的弟子们从各个方面探讨"仁德"的特征。让我们一起来领略一番孔子的"仁德"在实际中的意义吧!

名师释疑

缧绁(léi xiè):监狱。

南容:孔子的弟子,姓南宫,名适(kuò),字子容。

名师指津

公冶长聪颖好学,博通书礼,德才兼备,终生治学不做官,在孔子眼中是一等一的好学生、好品性。他身陷牢狱,据传是因为他懂鸟语,从中听出一桩命案,被人误解所致。

5·1 子谓公冶长:"可妻①也,虽在**缧绁**之中,非其罪也。"以其子②妻之。

【注释】

① 妻(qì):指把女儿嫁给某人做妻子。

② 子:古时"子"兼指儿子和女儿,这里指女儿。

【译文】

孔子评论公冶长说:"可以把女儿嫁给他,虽然他正在坐牢,但那不是他的罪过。"于是孔子就把自己的女儿嫁给了公冶长。

5·2 子谓**南容**:"邦有道①,不废②;邦无道,免于刑戮。"以其兄之子妻之。

【注释】

①道：这里指符合国家的政治的最高和最好的原则。

②废：废置，不任用。

【译文】

孔子谈论南容时说："国家政治清明的时候，他有官做，不会被罢免；国家统治黑暗时，他也能免遭刑罚。"于是孔子把自己的侄女嫁给了他。

5·3　子谓子贱："君子哉若①人！鲁无君子者，斯焉取斯？"

【注释】

①若：这个。

【译文】

孔子谈论子贱时说："子贱真是个君子呀！如果鲁国没有君子的话，他是从哪里学到这种优秀的品德呢？"

5·4　子贡问曰："赐也何如？"子曰："女，器也。"曰："何器也？"曰："瑚琏①也。"

【注释】

①瑚琏：古代祭祀时盛粮食用的一种贵重的器具，很尊贵。

◆名师释疑◆

子贱：孔子的弟子，鲁国人，姓宓（fú），名不齐，字子贱。有才智，仁爱，孔子赞其为"君子"。

名师指津

在称赞子贱是君子的同时，也在暗示自己也是君子，而子贱的君子之德由孔子一手培养。同时，也在称赞鲁国"君子之乡"的地位。

论语选译

名师指津

孔子把子贡比做瑚琏，肯定了子贡有一定才能，但如果与上二章结合，可知，孔子并不认同子贡，认为他仅有某一方面的才能。

名师释疑

雍：孔子的弟子，鲁国人，姓冉，名雍，字仲弓。

口给(jǐ)：嘴快话多，能言善辩，应答敏捷。

漆雕开：孔子的弟子，姓漆雕，名开，字子开，一说字子若。

名师指津

孔子认为人只要有仁德就足够了，并不需要能言善辩。

【译文】

　　子贡问孔子："老师，您认为我这个人怎么样？"孔子说："你就像一个器具。"子贡又问道："那是什么器具呢？"孔子说："就是祭祀时用的很贵重的瑚琏。"

5·5　或曰："雍也仁而不佞①。"子曰："焉用佞？御②人以口给，屡憎于人。不知其仁，焉用佞？"

【注释】

　　①佞(nìng)：这里指能说会道、口才好的意思。

　　②御(yù)：指在辩论中的应答，顶嘴、辩驳。

【译文】

　　有人说："冉雍，虽然有仁德，但不善辩。"孔子说："为什么一定要能说善辩呢？伶牙俐齿、话多嘴快地和他人争论，常常引起别人的憎恶。我不知道他是否能成为有仁德的人，但是为什么一定要能说善辩呢？"

5·6　子使漆雕开仕①，对曰："吾斯之未能信②。"子说③。

【注释】

　　①仕：出仕，做官的意思。

　　②信：这里是信心、自信的意思。

　　③说：同"悦"。

【译文】

孔子让漆雕开去做官，漆雕开说："对于做官这件事，我还没有什么信心。"孔子听了这个回答很高兴。

5·7 子曰："道不行，乘桴浮于海。从我者，其由与！"子路闻之喜。子曰："由也好勇过我，无所取材①。"

【注释】

① 材：才能，本领。

【译文】

孔子说："如果我的主张在这里行不通，我就乘坐木筏到海外去。那时候，能跟随我的人，大概只有仲由吧！"子路听到这话很高兴。孔子说："仲由啊，你争强好胜的本事远远超过我，在其他方面，却没有什么可取的才能。"

5·8 孟武伯问："子路仁乎？"子曰："不知也。"又问。子曰："由也，千乘之国，可使治其赋①也，不知其仁也。""求也何如？"子曰："求也，千室之邑，百乘之家②，可使为之宰也，不知其仁也。""赤也何如？"子曰："赤也，束带立于朝，可使与宾客言也，不知其仁也。"

【注释】

① 赋：兵赋，向老百姓征收的军事费用。

名师指津

漆雕开不急于去做官，表明了他仍然想继续学礼，不急于求成的谦虚态度，所以孔子内心很高兴。

❀名师释疑❀

桴（fú）：过河用的筏子，是用竹子或是木头编在一起做成的。

千室之邑：有一千户人家的城镇。邑，古代的居民聚居点，相当于城镇。

赤：孔子的弟子，鲁国人。姓公西，名赤，字子华。

束带：整理衣服，束紧衣带。这里指穿上礼服或朝服。

②家：采邑，卿、大夫受分封管理的地域。

【译文】

孟武伯问孔子子路是不是一个有仁德的人，孔子说："我不知道。"孟武伯又问了一遍。孔子说："仲由这个人，在一个拥有千辆兵车的国家里，他可以负责管理军事，但我不知道他是否有仁德。"孟武伯又问："您认为冉求这个人怎么样？"孔子说："冉求这个人，可以让他当总管，管理一个有千户人家的城镇或有一百辆兵车的采邑，但我也不知道，他是否是个有仁德的人。"孟武伯接着问："公西赤这个人怎么样呢？"孔子说："公西赤，他可以站在朝廷上，穿上礼服，接待贵宾，但我也不知道，他是否是个有仁德的人。"

名师指津

在孔子看来，他的三个学生虽然各有专长，但所有这些专长都必须服务于礼制、德治，必须以具备仁德情操为前提。他把"仁"放在更高的地位。

5·9 子谓子贡曰："女①与回也，孰愈②？"对曰："赐也何敢望③回？回也闻一以知十；赐也闻一以知二。"子曰："弗如也，吾与女弗如也。"

名师释疑

闻一以知十：从一点推知全部，或是知道开始就能推知结果。

【注释】

①女：同"汝"，你。

②愈（yù）：更强，更好。

③望：相比。

【译文】

孔子问子贡说："你和颜回两个人相比，谁更好一些呢？"

子贡回答说:"我怎么敢和颜回相比呢?颜回听到老师讲一件事就可以推知十件事;而我,听到一件事只能推知两件事。"孔子说:"你是不如他,我和你都比不上他。"

5·10 子贡问曰:"孔文子①何以谓之'文'也?"子曰:"敏而好学,不耻下问,是以谓之'文'也。"

【注释】

①孔文子:卫国大夫,孔圉(yǔ)。"文"是他的谥号。

【译文】

子贡向孔子问道:"为什么给孔文子一个'文'的谥号呢?"孔子回答道:"因为他聪敏、好学,向比自己地位低的人请教问题,且不认为是羞耻的,因此把'文'的谥号赐给他。"

5·11 子谓子产:"有君子之道四焉:其行己也恭①,其事上②也敬,其养民也惠③,其使民也义。"

【注释】

①恭:这里是谦逊的意思。

②事上:侍奉国君。

③惠:恩惠,给人好处。

【译文】

孔子议论子产时说:"子产具有君子的四种德行:他自己的

名师指津

颜回是孔子最得意的门生,孔子对他大加赞扬,希望其他弟子都向他学习。

名师指津

请注意"敏而好学"中的"而"字。一般而言,聪敏的人大多不好学,不刻苦,地位高的人大多以向地位低的人请教为耻。所以,能做到聪明而又好学,位高而又不耻下问,是很难的。子贡尤其聪敏,孔子借此回答勉励子贡。

名师释疑

子产:郑国人,姓公孙,名侨,字子产,春秋时期杰出的政治家。

义:法度,法制。

论语选译

行为庄重、谨慎,他侍奉君主态度恭敬,他对待老百姓仁爱慈惠,他役使老百姓时遵循法令制度。"

名师释疑

晏平仲:齐国大夫,名婴,字仲,"平"是他的谥号。

5·12 子曰:"晏平仲善与人交,久而敬之。"

【译文】

孔子说:"晏平仲善于和别人交往,相处的时间越久,别人越尊敬他。"

名师指津

孔子借对晏婴的高度肯定来勉励弟子。

5·13 子曰:"臧文仲居蔡①,山节藻棁②,何如其知也?"

【注释】

①居蔡:为大龟盖房子。蔡,指蔡这个地方盛产国君用的占卜的大龟,所以将大龟叫作"蔡"。

②山节藻棁(zhuó):指柱子上的斗拱雕成山形,在房梁上的短柱上饰有花草图案。节,房柱上的斗拱。棁,房梁上的短柱。

名师指津

孔子指责臧文仲把房子装饰成天子宗庙的式样,指责他"不仁""不智"。

【译文】

孔子说:"臧文仲为大龟盖了一所雕梁画栋的房子,柱子上的斗拱雕成山形,房梁的短柱上画着水草,这个人怎么能算明智呢?"

5·14 颜渊、季路侍。子曰:"盍①各言尔志?"子路曰:"愿车马衣裘,与朋友共,敝②之而无憾。"颜渊曰:"愿无伐③善,无施④劳。"子路曰:"愿闻子之志。"子曰:"老者安之,朋友信之,少者怀之。"

【注释】

① 盍(hé):"何不"的合音,意思是"为什么不"。

② 敝:坏,破旧。

③ 伐:夸耀。

③ 施:表白。

【译文】

颜渊、子路两人站在孔子身边陪从。孔子说:"你们为什么不说说自己的志向呢?"子路说:"我愿意把自己的车马、衣服、皮袍拿出来,提供给我的朋友一起使用,用坏了也不抱怨他。"颜渊说:"我愿意不夸耀自己的长处,不表白自己的功劳。"子路反问孔子说:"我们愿意听听您的志向。"孔子说:"我的志向是,让年老的人得到安适,让朋友得到信任,让年轻人得到关怀。"

《名师释疑》

侍:陪从在尊长身边。

安之:"使之安"的意思,安是使动用法。后面的"信之""怀之"亦同。

名师指津

此处主要是记述志向,谈及个人道德的修养及为人处世的态度。

名师赏析

本篇主要内容有孔子嫁女，孔子对于弟子、他人的评价，对于德行的肯定与批判，以及在和弟子的交谈中，他吐露出的心中的最终理想。

孔子对自己的多名弟子都做出了适当的评价，或有赞扬，或有批评。可见他知人善任，对身边每个人的优点、长处和不足都看得一清二楚。从孔子对弟子为人处事的评价中可以看出他所弘扬的"仁"，同时也说明了"仁"的标准是多么严苛，非常人之所能及。

学习借鉴

好词

不知其仁　敏而好学　不耻下问　闻一以知十

好句

* 敏而好学，不耻下问，是以谓之"文"也。

* 晏平仲与人交，久而敬之。

* 老者安之，朋友信之，少者怀之。

思考与练习

读完了《论语·公冶长篇》，你能说出两点感悟来吗？

雍也篇

名师导读

《雍也篇》讲述了孔子的"中庸之道",还包括如何培养"仁德"的一些主张。让我们具体来赏读一下"中庸之道"吧!

6·1　子曰:"雍也,可使南面①。"

【注释】

① 南面:面朝南,古代以坐北朝南为尊,指当官。

【译文】

孔子说:"冉雍这个人,可以让他去做官。"

6·2　子华使于齐,冉子为其母请粟。子曰:"与之釜①。"请益。曰:"与之庾②。"冉子与之粟五秉③。子曰:"赤之适齐也,乘肥马,衣轻裘④。吾闻之也,君子周⑤急不继富。"

【名师释疑】

子华:姓公西,名赤,孔子的学生,比孔子小42岁。

【注释】

① 釜(fǔ):古代量器。一釜等于六斗四升。

② 庾:古代量器,大约相当于二斗四升。

③ 秉：十六斛为一秉。在春秋时期，一斛相当于十斗。

④ 衣（yì）轻裘：穿着轻便的皮衣。

⑤ 周：周济，救济。

【译文】

公西赤出使齐国，冉求替他母亲向孔子求一些小米。孔子说："给她六斗四升吧。"冉求要求再增加一点。孔子说："再给她二斗四升。"冉求却给他八十斛。孔子说："公西赤到齐国去，坐着肥马驾的车子，穿着又暖又轻的皮袍。我听说过：君子只救济那些急需帮助的人，而不是就救济富裕的人。"

名师指津

儒家仁爱思想，主张"君子周急不济富"，应当"雪中送炭"，而不是"锦上添花"。

6·3　原思为之宰①，与之粟九百，辞②。子曰："毋！以与尔邻里乡党乎！"

【注释】

① 宰：家宰，总管（家臣）。

② 辞：推辞，不接受。

【译文】

原思在孔子家当总管，孔子给他小米九百斗作为薪资，原思不肯接受。孔子说："不要推辞！如果你有多余的粮食，就送给你家乡的老百姓吧。"

名师释疑

原思：孔子学生，鲁国人，姓原，名宪，字子恩。

邻里乡党：指原思家乡附近的百姓。

伯牛：孔子的弟子，鲁国人，姓冉，名耕，字伯牛。

牖（yǒu）：窗户。

6·4　伯牛有疾，子问①之，自牖执②其手，曰："亡之，命矣夫！斯人也而有斯疾也，斯人也而有斯疾也！"

【注释】

① 问：此处是慰问、探望的意思。

② 执：握着。

【译文】

伯牛生病了，孔子去探望他，从窗户外握着他的手说："你要走了吗？难道这就是命吗？！这样的人竟会得这么严重的病呀！这样的人竟会得这么严重的病呀！"

> **名师指津**
> 伯牛德行很好，所以孔子对他的英年早逝表示痛心与哀悼。

6·5　子曰："贤哉，回也！一箪①食（sì），一瓢饮，在陋巷②，人不堪其忧，回也不改其乐。贤哉，回也！"

【注释】

① 箪（dān）：当时盛饭用的竹器。

② 陋巷：简陋的住所。

【译文】

孔子说："颜回的品德多么高尚呀！一箪饭，一瓢水，住在简陋的小房子里，别人都忍受不了这种困苦的生活，颜回却自得其乐。他的品质多么高尚呀！"

> **名师指津**
> 此处讲颜回"不改其乐"，也就是贫贱不能移的精神。
>
> ❀ **名师释疑**
> 自得其乐：自己能从中得到乐趣。

6·6　冉求曰："非不说①子之道，力不足也。"子曰："力不足者，中道②而废，今女画③。"

47

论语选译

【注释】

① 说:同"悦",喜欢,爱慕。

② 中道:中途,半道。

③ 画:画线为界,故步自封,裹足不前。

【译文】

冉求说:"我不是不喜欢您所讲的仁义之道,而是我的力量达不到呀。"孔子说:"力量不够的人,走到中途(力量用尽不得已)才停止,而现在你还没有开始就自动停止前进了。"

6·7 子游为武城①宰。子曰:"女得人焉尔乎②?"曰:"有澹台灭明者,行不由径③,非公事,未尝至于偃之室也。"

【注释】

① 武城:鲁国的一个小城镇,在今天山东省的费城的西南。

② 焉尔乎:在此解释为"于此"。

③ 径:小路,捷径。

【译文】

子游到武城县去做官。孔子问他:"在那里你发现人才没有?"子游回答说:"有一个叫澹台灭明的人,行为举止符合周礼,走路从不抄小道,不是为公事,从不到我屋子里来。"

6·8 子曰:"孟之反不伐①,奔②而殿③,将入门,策④其马,

名师指津
孔子对于冉求在学习中的畏难情绪表示生气,虽然每个人在学习的过程中都会遇到畏难的情绪,但要知难而上,克服困难,才能够获得成功。

名师指津
他问子游的这段话,反映出他对举贤才的重视。

名师释疑
孟之反:鲁国大夫,名侧。

曰：'非敢后也，马不进也。'"

【注释】

① 伐：夸耀。

② 奔：败走。

③ 殿：殿后。

④ 策：鞭打。

【译文】

孔子说："孟之反不喜欢夸耀自己的功劳。大军败退的时候，他留在最后做掩护。进城门的时候，他鞭打着自己的马，说：'不是我很勇敢而敢于做掩护，是马跑得不快呀。'"

6·9　子曰："不有祝鮀之佞①，而有宋朝之美，难乎免于今之世矣。"

【注释】

① 佞：这里是口才好的意思。

【译文】

孔子说："如果没有祝鮀善辩的口才，却有宋朝的美貌，在当今的社会里是难以避免祸害了。"

6·10　子曰："知之者不如好①之者，好之者不如乐之者。"

◁ 名师释疑 ◁

祝鮀（tuó）：卫国大夫，字子鱼。擅长外交辞令，能言善辩。

宋朝（zhāo）：春秋时期的宋国公子，曾出任卫国大夫。《左传》中曾记载他因美丽惹起乱子的事情。

【注释】

① 好（hào）：喜爱。

【译文】

孔子说："对于各种知识、技能，懂得它的人不如爱好它的人，而爱好它的人不如把它作为乐趣的人。"

名师指津
这里说明了兴趣的重要性，它引领人们走上学习的道路，并且为之奋斗终生。

6·11 子曰："知者乐①水，仁者乐山。知者动，仁者静。知者乐，仁者寿。"

【注释】

① 乐（yào）：喜欢。

【译文】

孔子说："聪明的人喜欢水，仁德的人喜欢山。聪明的人思想行为活跃，仁德的人性格沉静。聪明的人豁达快乐，仁德的人健康长寿。"

6·12 子曰："齐一变①，至于鲁；鲁一变，至于道。"

【注释】

① 变：改革。

【译文】

孔子说："如果齐国的社会政治改变一下，便达到鲁国现在这个样子，再把鲁国的社会政治改变一下，就达到先王所提倡的仁义之道了。"

名师指津
"道"是治国安邦的根本原则，此处也反映了孔子对于周朝的礼教是无比推崇的。

名师赏析

《雍也篇》是孔子对于弟子的谆谆教诲。孔子主张针对学生的不同个性"因材施教",同时孔子也为诸多学生树立一个具有仁德的儒者典范。他鼓励弟子尽力救济穷困人家,对于各种知识、技能,他认为将其作为一种乐趣比懂得和爱好的人掌握得更通透。可见孔子对于学生教育的良苦用心,对于仁德追求的不懈努力,值得我们后世不断地学习,不断地去反省自我。

学习借鉴

好词

居简而行简　约之以礼　因材施教　知者乐水　仁者乐山

好句

* 知之者不如好之者,好之者不如乐之者。

* 一箪食,一瓢饮,在陋巷,人不堪其忧,回也不改其乐。

思考与练习

1. 读完《论语·雍也篇》你有什么感悟?试用300字写出来。

2. 如何理解"知之者不如好之者,好之者不如乐之者"这句话的意义?

述而篇

> **名师导读**
>
> 《述而篇》是学者们在研究孔子和儒家思想时引述较多的篇章之一，共包含六方面的内容，提出了孔子的教育思想和学习态度，孔子对仁德等重要道德范畴的进一步阐释，我们一起来学习一下吧！

7·1　子曰："述而不作①，信而好古，窃②比于我老彭③。"

【注释】

① 作：著书立说。

② 窃：谦辞，我自己的意思。

③ 老彭：人名，大概是孔子很熟悉很敬佩的人，有认为是老子和彭祖。

【译文】

孔子说："我只阐述和传授古代的典籍，而不创造著作，我相信而且喜好古代的文化，私下我把自己比作老彭。"

名师指津

"述而不作"是一种治学方式，对于中国人的思想有较大的影响。

述而篇

7·2　子曰："志于道，据①于德，依于仁，游②于艺。"

【注释】

① 据：坚守、执守。

② 游：熟悉，玩习。玩物适情的意思。

【译文】

孔子说："把'道'作为志向，把'德'作为根据，把'仁'作为依赖，游憩于六艺之中。"

> **名师释疑**
> 艺：六艺，指礼、乐、射、御、书、数六种技能。

> **名师指津**
> 孔子培养学生，以仁、德为纲，以六艺为基本，使学生能够全面均衡发展。

7·3　子曰："自行束脩①以上，吾未尝无诲焉。"

【注释】

① 束脩（xiū）：捆在一起的一束干肉。古代一种见面礼，后来就称学生给老师的学费为"束脩"。脩，干肉。

【译文】

孔子说："从给我一束干肉作为学费的人开始，我从来没有不教诲的。"

> **名师指津**
> 反映了孔子"有教无类"的教育思想。

7·4　子曰："不愤①不启②，不悱③不发。举一隅不以三隅反，则不复也。"

【注释】

① 愤：想要搞通而还没搞通的意思。

53

论语选译

②启：启发。

③悱（fěi）：想说又不能明确说出来的样子。

【译文】

孔子说："我教育学生的时候，不到他冥思苦想而仍然领会不了的时候，我不去开导他；不到他想说却又说不出来的时候，我不去启发他。如果我告诉他一个方面他不能由此推知其他方面，我就不再讲解了。"

7·5 子谓颜渊曰："用之则行，舍①之则藏，惟我与尔有是夫！"子路曰："子行②三军，则谁与③？"子曰："暴虎冯河④，死而无悔者，吾不与也。必也临事而惧，好谋而成者也。"

【注释】

①舍：舍弃，不用。

②行：统帅。

③谁与：同谁在一起。

④暴虎冯（píng）河：暴虎，徒手同老虎搏斗。冯河，徒足涉河。

【译文】

孔子对颜渊说："如果有人任用我，我就去干，如果没人任用我，我就隐藏起来，只有我和你能够这样做吧！"子路问孔子

名师指津

孔子在教育学生的时候采用的是启发的方法，循循善诱，希望学生在学习时能够举一反三，触类旁通，他坚决反对灌输的学习方法。这一教学理念直到今天仍然有着深远的意义，并被广泛应用。

名师释疑

冥思苦想：绞尽脑汁，苦思苦想。

三军：是当时大国所有的军队，每军一万二千五百人。

临事：遇到事情或处事。

说：" 如果你统帅三军，那么你和谁一起呢？" 孔子回答说：" 赤手空拳与老虎搏斗，不用船而徒步过河，这种死了都不后悔的人，我是不会和他一起共事的。我想一起共事的人，必须是遇事小心谨慎，善于谋划并能完成任务的人。"

7·6　子曰："富①而可求②也，虽执鞭之士，吾亦为之。如不可求，从吾所好。"

【注释】

① 富：即富贵，财富。

② 可求：即合乎道义，用正当的手段或方法去获得。

【译文】

孔子说："如果合乎道义就能求得富贵，即使是做手持皮鞭为贵族开道的小官，我也愿意。如果不合道义，不能求得富贵，我还是做自己喜欢的事吧。"

7·7　子之所慎：齐①、战②、疾③。

【注释】

① 齐：同"斋"，斋戒。

② 战：战争，战事。

③ 疾：疾病。

◖名师释疑◗

执鞭之士：拿着鞭子为大官出行开道的差役。指地位卑贱的小官。

名师指津

此处提出了富贵与道德的关系，表明孔子自己不会违背原则去追求荣华富贵。

论语选译

名师指津
斋戒表示祭祀的诚心，作战关乎生死，疾病损害了得之父母的身体。因此孔子取慎重态度。

【译文】

孔子小心谨慎地对待斋戒、作战和疾病这三件事。

7·8 子在齐闻《韶》，三月①不知肉味，曰："不图②为乐之至于斯也。"

名师释疑
《韶》：古乐曲的名，据传是上古帝王舜在位时的乐曲。

肱（gōng）：胳膊。

【注释】

① 三月：形容时间长。

② 不图：不料，想不到。

名师指津
这句话说明孔子对音乐的喜爱已经到了痴迷的境地。

【译文】

孔子在齐国时，听到了古乐曲《韶》，好几个月尝不出肉味。孔子说："想不到古代创作的音乐竟然达到了这样迷人的地步。"

7·9 子曰："饭疏食①，饮水②，曲肱而枕之，乐亦在其中矣。不义而富且贵，于我如浮云。"

【注释】

① 疏食：就是粗粮。

② 水：古代冷水为水，热水为汤。

名师指津
此处是孔子"安贫乐道"思想的体现。

【译文】

孔子说："吃着粗粮，喝着冷水，弯起胳膊当枕头，这样的生活，自有乐趣在其中。对我而言，通过不正当手段而获得的富贵，就好像天上的浮云一样。"

7·10 子曰:"加①我数年,五十以学《易》②,可以无大过矣。"

【注释】

① 加:通"假",给予的意思。

② 《易》:又名《周易》《易经》,是儒家经典中最为难懂、难以通晓的一部书。

【译文】

孔子说:"假如再让我多活几年,到五十岁学习《易经》,我就可以不犯大的过错了。"

> **名师指津**
> 古人把五十岁当作老年的开始。这里孔子五十学《易》,说明他有活到老、学到老的学习精神。

7·11 子所雅言①,《诗》、《书》②、执礼,皆雅言也。

【注释】

① 雅言:指当时周朝的官话,等同于现在的普通话。

② 《书》:《尚书》,是一本记录上古时期帝王言论的书。

【译文】

孔子在朗读《诗经》《尚书》和主持礼仪活动的时候使用的都是西周时代的语言。

> **名师释疑**
> 执礼:主持礼仪活动。
>
> 叶公:楚国的大夫,姓沈,名诸梁。
>
> 云尔:如此而已。云,如此,这里是作代词。尔,是"耳"的通假字。

7·12 叶公问孔子于子路,子路不对。子曰:"女奚①不曰:其为人也,发愤忘食,乐以忘忧,不知老之将至云尔。"

【注释】

①奚：为什么。

【译文】

叶公向子路询问孔子的为人，子路不答。孔子对子路说："你为何不这样回答：他的为人，心里想着发愤用功，就把吃饭都忘了。心中觉得快乐，就会把所有的忧虑都忘了。他连自己快要年老体衰了都不知道，如此而已。"

> **名师指津**
> 从读书学习和各种活动中体味到无穷乐趣，连自己年老都觉察不出来，是典型的现实主义和乐观主义者。

7·13 子曰："盖有不知而作①之者，我无是②也。多闻，择其善者而从之，多见而识之，知之次③也。"

> **名师释疑**
> 识(zhì)：记住。

【注释】

①作：捏造，凭空创造。

②是：代词，这个。

③次：次一等的。

【译文】

孔子说："大概有这样一类人，什么都不懂而在那里凭空创造，但是我却没有这样做过。多听，选择其中好的来学习；多看，然后记在心里。用这种方法学来的知识，比生而知之的人是次一等的。"

> **名师指津**
> 孔子提出对自己不知道的，应该多闻多见，反对凭空捏造。

7·14 互乡难与言。童子见，门人惑。子曰："与①其进②也，不与其退也，唯何甚！人洁己以进，与其洁也，不保其往也。"

名师释疑

甚：过于，过分。

保：抓住，不放手的意思。

【注释】

① 与：肯定、赞许。

② 进：进步。

【译文】

互乡那个地方的人很难沟通，孔子接见了互乡一个的童子，弟子们都感到困惑不已。孔子解释说："我是肯定他进步的地方，不是肯定他倒退的地方，何必做得那么过分呢！别人把自己身上的脏东西去掉，追求进步，我们应该肯定他的做法，不要老是抓着过去的错误不放。"

名师指津

孔子认为一个人好的方面要肯定，不足的方面要摒弃，并且抱着追求进步的态度，为此而努力奋斗，只要做到了这点，即使他以前有错误也是可以原谅的。

7·15 子曰："若圣与仁，则吾岂敢！抑①为之不厌，诲人不倦，则可谓云尔已矣。"公西华曰："正唯弟子不能学也。"

【注释】

① 抑：只不过，表示转折。

【译文】

孔子说："如果说我是圣人并拥有仁德，那我怎么敢当！不过我在学习圣人并拥有仁德方面，从不感到厌烦，教诲别人也从不感觉疲倦，就是如此罢了。"公西华说："这正是我们这些学生学不到的。"

7·16 子疾病①，子路请祷②。子曰："有诸？"子路对曰："有之。《诔》曰：'祷尔于上下神祇。'"子曰："丘之祷久矣。"

【注释】

①病：古人称一般病痛为疾，重病为病。

②请祷：祈祷，向鬼神请求和祷告。

【译文】

孔子病情加重，子路请求祈祷。孔子说："有这回事吗？"子路说："有的。《诔》文上说：'为您向天地神灵祈祷。'"孔子说："我早就祈祷过了。"

7·17 子曰："君子坦荡荡①，小人长戚戚。"

【注释】

①坦荡荡：心胸开阔。

【译文】

孔子说："君子心胸宽广开阔，小人经常忧愁。"

名师释疑

诔（lěi）：哀悼死者的悼文，或向鬼神祈福的祷文。

神祇（qí）：古人称天神为"神"，地神为"祇"。

长戚戚：时常忧愁烦恼。

名师指津

孔子是反对问鬼神的。子路明知如此，但迫切希望老师病情好转，不得已而如此。

名师指津

君子与小人的区别。孔子认为作为君子，应当有宽广的胸怀，君子循理，故常舒泰，小人役于物，故多忧戚。

名师赏析

在这一章里，孔子提出了"述而不作"的原则，这反映了孔子思想上保守的一面。孔子培养学生，以仁、德为纲领，以六艺为基本，使学生能够得到全面均衡的发展。在这里，他提出了"启发式"教学的思想。从教学方面而言，他反对"填鸭式""满堂灌"的做法。要求学生能够"举一反三"，在学生充分进行独立思考的基础上，再对他们进行启发、开导，这是符合教学基本规律的，而且具有深远的影响，在今天教学过程中仍可以加以借鉴。

学习借鉴

好词

　　暴虎冯河　诲人不倦　发愤忘食　乐以忘忧　老之将至

好句

　　* 志于道，据于德，依于仁，游于艺。

　　* 饭疏食，饮水，曲肱而枕之，乐亦在其中矣。不义而富且贵，于我如浮云。

　　* 君子坦荡荡，小人长戚戚。

思考与练习

了解本篇主要意思及思想内容。

泰伯篇

名师导读

本篇涉及孔子及其学生对尧、舜、禹等古代先王的评价；孔子教学方法和教育思想的进一步发挥；孔子道德思想的具体内容以及曾子在若干问题上的见解。接下来，让我们一起来学习一下吧。

名师释疑

泰伯：周代先祖古公亶父的长子，周文王姬昌的伯父。

绞（jiǎo）：言语刻薄，出口伤人。

偷：人情淡薄，不厚道。

8·1 子曰："泰伯其可谓至德也已矣，三以天下让，民无得而称焉。"

【译文】

孔子说："泰伯可以说是品德最高的人了，多次把王位让出，老百姓想称赞他，都找不到恰当的语句。"

8·2 子曰："恭而无礼则劳，慎而无礼则葸①，勇而无礼则乱，直而无礼则绞。君子笃②于亲，则民兴于仁，故旧不遗，则民不偷。"

【注释】

①葸（xǐ）：畏缩、拘谨的样子。

②笃（dǔ）：厚待，真诚老实。

【译文】

孔子说："只注重容貌态度，却不知礼，那样就会辛劳疲倦。只是处处谨慎，却不知礼，那样就会使自己的行为拘谨畏惧。只有敢作敢为的勇气，却不知礼，那样只会使自己冲动闯祸，犯上作乱。只是心直口快，却不用礼制加以约束，那样就会让自己的言语显得尖酸刻薄，出口伤人。如果作为君子能真诚厚待自己的亲属，老百姓就会效仿，兴起追求仁德的风气。如果君子能不背弃自己的老朋友，百姓之间就不会冷淡无情了。"

8·3 曾子有疾，召门弟子曰："启①予足，启予手！《诗》云：'战战兢兢，如临深渊，如履薄冰。'而今而后，吾知免②夫，小子！"

【名师释疑】
小子：对自己弟子的称呼。

【注释】

①启：此处指掀开被子。
②免：避免，这里指身体免于损伤。

【译文】

曾子生病了，他把学生召集到自己的身边说："看看我的脚！看看我的手！《诗经》说：'要小心谨慎呀，就好像站在深渊旁边，好像踩在薄冰上面行走一样。'从此以后，我知道我的身体免于灾祸了。弟子们！"

【名师指津】
曾子让弟子看他的手脚，表示自己一生谨慎小心，没有损伤父母给予的身体，借以对父母尽孝，能够放心地说免于灾祸了。

论语选译

名师释疑

孟敬子：鲁国大夫。

动容貌：把内心的情感显现在面部表情上。

正颜色：端正自己的表情，脸色严肃庄重。正，端正，严肃。

笾豆：礼器。

有司：这里指掌管祭祀事物的官员。

名师指津

曾子与孟敬子在政治立场上是对立的。曾子在临死前，他还在试图改变孟敬子的态度，所以他说："人之将死，其言也善。"这一方面表明自己对孟敬子没有恶意，同时也告诉孟敬子，作为君子应当重视的三个方面。

8·4 曾子有疾，孟敬子问①之。曾子言曰："鸟之将死，其鸣也哀；人之将死，其言也善。君子所贵乎道者三：动容貌，斯远暴慢矣；正颜色，斯近信矣；出辞气②，斯远鄙倍③矣。笾豆之事，则有司存。"

【注释】

① 问：探望、探视的意思。

② 出辞气：这里指说话时，要注意口气和措辞。

③ 鄙倍：粗野，鄙陋，背理。倍，同"背"。

【译文】

曾子生病了，孟敬子去看望他。曾子对他说："鸟快死了，它的叫声是悲哀的；人快死了，他说的话是善意的。君子应当重视接人待物的三个方面：注意自己的容貌庄重严肃，这样可以避免粗暴、放肆；使自己的脸色端正，这样可以更接近诚实守信；说话时注意语气和措辞，这样就可以避免粗野和违背礼节。至于祭祀和各种礼节仪式，自有主管这方面事务的官吏负责。"

8·5 曾子曰："以能问于不能，以多问于寡；有若无，实若虚；犯①而不校②。昔者吾友尝从事于斯矣。"

【注释】

① 犯：这里是冒犯的意思。

② 校（jiào）：同"较"，计较。

【译文】

曾子说："有才能的人却向没有才能的人请教，知识丰富的人却向知识缺乏的人请教；有本事却像没有本事一样，知识学问很充实却像很空虚一样；被人侵犯也不计较。以前我的朋友曾经这样做过。"

8·6 曾子曰："可以托六尺之孤，可以寄百里之命，临大节而不可夺也。君子人与？君子人也！"

【译文】

曾子说："能够托付未成年的幼君，也可以委托他掌管百里之国的命脉，在关乎国家存亡的紧要关头，不屈服，不动摇。这种人是君子吗？是真君子啊！"

8·7 曾子曰："士不可以不弘毅，任重而道远。仁以为己任，不亦重乎？死而后已，不亦远乎？"

【译文】

曾子说："士不能没有坚强意志、宽广心胸，因为他身负重任，道路遥远。把实现仁德作为自己的责任，难道还不重大吗？奋斗

名师指津

曾子完全秉承了孔子的思想学说，"问于寡""问于不能"都表明了学习上的谦逊态度。

名师释疑

六尺之孤：六尺大约合今天的1.4米，多指小孩子。此处指未成年的幼君。

名师指津

孔子所谓君子的品格，就是有道德、有知识、有才干，可辅佐幼君，可执掌政权，生死关头不动摇，不屈服。

名师指津

对一个想要有所作为的人来说，远大的抱负、坚强的意志，是缺一不可的。

终身，到死才停下来，难道路程还不遥远吗？"

8·8　子曰："兴于《诗》，立于礼，成于乐。"

【译文】

孔子说："培养修养，用《诗经》来起步，学习礼制，用礼的行为来立身，最终以音乐陶冶性情，完善人格修养。"

名师指津
指出孔子从事教育的三方面内容：诗、礼、乐。反映出培养君子的过程。

8·9　子曰："如有周公之才之美，使骄且吝，其余不足观也已。"

【译文】

孔子说："作为一名君主，即使有周公那样好的德行和才能，如果骄傲自大又小气，别的方面就不值得一看了。"

名师指津
孔子主张仁德的君子在接人待物时要大方。

8·10　子曰："学如不及，犹恐失之。"

【译文】

孔子说："学习知识就像在追赶什么东西似的，总担心赶不上。即便是赶上了，又唯恐失去了学过的东西。"

名师指津
孔子用比喻的方法，表达了自己强烈的求知欲。

8·11　子曰："巍巍乎，舜禹之有天下也，而不与焉！"

【译文】

孔子说："崇高啊，舜、禹拥有天下却不占有它！"

8·12　子曰:"大哉尧之为君也!巍巍乎,唯天为大,唯尧则之。荡荡乎,民无能名焉。巍巍乎其有成功也,焕乎其有文章。"

【译文】

孔子说:"尧作为君主伟大啊!崇高啊,唯有上天最高大,唯有尧能效法它。浩瀚啊,民众无法形容。他的功业崇高啊,他的礼仪典制灿烂啊!"

8·13　子曰:"禹,吾无间然矣。菲饮食而致孝乎鬼神,恶衣服而致美乎黻冕,卑宫室而尽力乎沟洫。禹,吾无间然矣。"

◆名师释疑◆

黻(fú)冕:祭祀的衣冠。

【译文】

孔子说:"禹,我对他无可指责。饮食菲薄,却把对鬼神的祭品办理得很丰盛;穿着粗恶却把祭祀的衣冠做得很华美;居室简陋却尽力于沟渠水利。对于禹,我无可指责。"

名师赏析

孔子对于尧、舜、禹给予高度评价,认为在他们的时代,一切都很完善,为君者生活简朴,敬畏神灵,是执政者的榜样,而当今不少当权者拼命追逐权力、地位和财富,而把人民的生活和国家的富强放在了次要的位置,以古喻今,孔子是在向统治者提出警告。

论语选译

学习借鉴

好词

如履薄冰　其言也善　死而后已　战战兢兢　如临深渊　任重道远

好句

* 鸟之将死，其鸣也哀；人之将死，其言也善。

* 兴于《诗》，立于礼，成于乐。

* 士不可以不弘毅，任重而道远。

思考与练习

1. 理解本篇思想内容，试用300字概括出来。

2. 理解"学如不及，犹恐失之"这句话的含意。

子罕篇

名师导读

《子罕篇》涉及孔子的道德教育思想，孔子弟子对其师的评论，此外，还记述了孔子的某些活动。重点记录孔子言行和行事风格，以及孔子提倡和不提倡做的事。下面我们一起来品读一番吧。

9·1 子罕①言利，与命与仁。

【注释】

① 罕：稀少。

【译文】

孔子很少谈到利益，却赞成天命和仁德。

9·2 子畏①于匡，曰："文王既没②，文不在兹乎？天之将丧斯文也，后死者不得与于斯文也；天之未丧斯文也，匡人其如予何！"

【注释】

① 畏：受到围困。

名师指津

子罕言利，说明孔子对利的轻视，孔子主张"先义后利""重义轻利"。

名师释疑

文王：周文王，姓姬，名昌，孔子推崇的圣贤之一。

如予何：奈我何，能把我怎么样。

② 没（mò）：死了。

【译文】

孔子被匡地的老百姓围困时，他说："周文王死了以后，周代的礼乐制度不都体现在我这里吗？上天如果想要毁灭这种文化，那死在文王之后的人就不可能掌握这种文化了；上天如果不毁灭这种文化，那匡人又能把我怎么样呢！"

名师指津
孔子强调个人主观能动作用，认为自己是周文化的继承者和传播者。

名师释疑
太宰：官职的名称，掌管国君宫廷事务。

少也贱：孔子小时候家境贫寒，地位低下。

9·3 太宰问于子贡曰："夫子圣者与？何其多能也？"子贡曰："固①天纵之将圣，又多能也。"子闻之，曰："太宰知我乎？吾少也贱，故多能鄙事②。君子多乎哉？不多也。"

【注释】

① 固：本来。
② 鄙事：卑贱的事。

【译文】

太宰问子贡："孔夫子是位圣人吗？他为什么这样多才多艺呢？"子贡说："这是上天让他成为圣人，使他多才多艺。"孔子听到后说道："太宰真正了解我吗？我少年时由于家境贫寒，因此学会了很多卑贱的技能。真正的君子会有这样多的技艺吗？当然是不会有的。"

9·4 牢曰:"子云:'吾不试①,故艺。'"

【注释】

① 试:被任用。

【译文】

子牢说:"孔子曾经说过:'我年轻的时候没有当官,所以会许多技艺。'"

9·5 子曰:"吾有知乎哉?无知也。有鄙夫①问于我,空空如也。我叩其两端②而竭焉。"

【注释】

① 鄙夫:孔子对社会下层人的称呼。

② 两端:两头,指事物的正反、始终、本末,上下两方面。

【译文】

孔子说:"我有知识吗?其实没有。有一个乡下人曾经问我,我对于他的问题本来一点也不知道。我抓住问题的正反两面加以仔细地询问,尽我所能回答。"

【名师释疑】

牢:卫国人,孔子的学生,姓琴,名牢,字子开。

艺:技艺,技能。

竭:穷尽,枯竭,尽力追究。

【名师指津】

抓住问题的两个极端,求得问题的答案,是儒家学说中中庸思想的表现。

论语选译

名师释疑

凤鸟：即传说中被奉为神鸟的凤凰。古时候，人们认为，它的出现预示着太平盛世的到来。

冕衣裳者：这里统指官服而言。冕，官帽。衣，上衣。裳，下服。

趋：小步快走，表示敬意。

9·6　子曰："凤鸟不至，河不出图①，吾已矣夫！"

【注释】

①河不出图：即指当时的社会整治黑暗，是乱世。相传上古时代伏羲时，黄河中有龙马负图而出，据说圣明君王出世时才有"河图出"的吉兆。

【译文】

孔子说："凤鸟不来了，黄河也不出现龙马负图了，我这一生完了！"

9·7　子见齐衰①者、冕衣裳者与瞽②者，见之，虽少，必作③；过之，必趋。

【注释】

①齐衰（zī cuī）：丧服。衰，粗麻布。
②瞽（gǔ）者：盲人。
③作：站起身来。

【译文】

孔子遇见穿丧服的人、穿礼服的人和盲人的时候，即使对方是年轻人，也一定要站起来起身迎接；在这些人面前走过时，也一定要恭敬地小步快走。

名师指津

说明孔子极其尊崇"礼"，并尽量做到身体力行。

9·8 颜渊喟然①叹曰:"仰之弥②高,钻之弥坚;瞻之在前,忽焉在后。夫子循循然③善诱人,博我以文,约我以礼,欲罢不能,既竭吾才。如有所立卓尔,虽欲从之,末由也已。"

【注释】

① 喟(kuì)然:叹气、叹息的样子。

② 弥(mí):越发,更加。

③ 循循然:有次序的样子。

【译文】

颜渊感叹道:"我抬头仰望老师的学问道德,越望越觉得高,我努力钻研,越钻研越觉得高深莫测;看着它好像在前面,忽然又好像在后面,简直教人捉摸不透。老师善于一步一步地引导我,用各种典籍来丰富我的知识,同时又用各种礼节来约束我的行为,使我不能停止学习,已经将我的才能都在学习上用尽了。老师的学问道德,好像有一个十分高大的目标立在前面,虽然我想要攀登上去,继续前进,却没有办法。"

◆ 名师释疑 ◆

卓尔:高大的样子。

末由:这里是没办法的意思。末,没有。由,方法。

名师指津

颜渊把孔子的学问与道德说成是高不可攀,但同时提出好的教育方式应"循循善诱"。

论语选译

名师释疑

间(jiàn)：间隙。这里指病情有所缓和，病情减轻。

大葬：这里指卿大夫级别以上的葬礼。

9·9 子疾病，子路使门人为臣①。病间，曰："久矣哉，由之行诈也！无臣而为有臣。吾谁欺？欺天乎？且予与其死于臣之手也，无宁②死于二三子之手乎！且予纵不得大葬，予死于道路乎？"

【注释】

①臣：卿大夫丧事中负责治丧的人员。

②无宁："无"，是发语词，没有意义。宁，宁可。

【译文】

孔子病重，子路派孔子的弟子去做孔子的家臣，负责料理后事。后来，孔子的病有所减轻，便说："仲由，干这种弄虚作假的勾当很久了！我明明不能够配备家臣，却一定要装作有家臣的样子。这是骗谁呢？骗上天吗？而且与其在家臣的服侍下死去，还不如在你们这些学生陪伴中死去，这样不是更好吗？我即使不能用大夫的礼仪来安葬，难道就会被丢在路上没人安葬吗？"

名师指津

按规定，即使以前担任过大夫，但在死时已去职，只能按士人的等级治丧。孔子属于这种情况。学生出于敬意，也为了使丧礼风光些，为孔子私下设了家臣。孔子反对这种按大夫之礼为他办理丧事，是为了恪守周礼的规定。

9·10 子贡曰:"有美玉于斯,韫椟而藏诸?求善贾①而沽②诸?"子曰:"沽之哉!沽之哉!我待贾者也!"

【注释】

①贾(gǔ):商人。古人称流动的商贩为商,开店的商贩为贾。

②沽:卖出去。

【译文】

子贡问孔子:"这里有一块好玉,我是应该把它收藏在柜子里呢?还是找一个识货的商人卖掉呢?"孔子说:"卖了吧!卖了吧!我正等着识货的人呢!"

9·11 子欲居九夷①。或曰:"陋,如之何?"子曰:"君子居之,何陋之有!"

【注释】

①九夷(yí):是我国古时候对中原以东的少数民族的统称。

【译文】

孔子想要搬到九夷去居住。有人说:"那里简陋、落后,怎么能到那里住呢?"孔子说:"君子住在那里,还有什么简陋、落后的呢?"

◀名师释疑◀

韫椟(yùn dú):即收藏在柜子里。韫,收藏。椟,柜子。

陋:鄙野,这里指经济文化落后。

名师指津

孔子把自己比喻为美玉,表达了他渴望从政的迫切心情。

论语选译

名师指津

自卫反鲁，公元前484年的冬天，孔子结束了14年的游历生活，由卫国返回鲁国。

9·12　子曰："吾自卫反鲁，然后乐正①，《雅》《颂》各得其所。"

【注释】

①乐正：审核并调整乐曲。

【译文】

孔子说："我从卫国回到鲁国后，重新审定和整理了乐曲，使《雅》《颂》乐章都能各得其所，发挥出维护周礼的作用。"

9·13　子在川上曰："逝①者如斯夫②！不舍③昼夜。"

【注释】

①逝：这里指过去的时光。

②夫（fú）：句末语气词，无意义。

③舍：休息、停止。

【译文】

孔子站在河边说道："消逝的时光，就像河水一样呀！日夜不停地向前流去。"

名师指津

孔子把时光比作河水一去不复返，提醒人们要珍惜美好的时光。

9·14　子曰："吾未见好德如好色者也。"

【译文】

我没见过喜爱美德就像美色那样热切的人。

子罕篇

9·15　子曰："譬如为山，未成一篑①，止，吾止也。譬如平地，虽覆一篑，进，吾往也。"

【注释】

① 篑（kuì）：装土的筐。

【译文】

孔子说："就像用土堆一座山，只差一筐土便成山了，这时停了下来，那是我自己半途而废的。就像用土平整地面，即使只倾倒了一筐土，这时前进，那也是我自己坚持前进。"

名师指津

孔子用堆土成山的比喻，说明持之以恒的道理。我们由此可知道做任何事情都要坚持不懈地努力，不能功亏一篑，尤其是在做学问和道德培养方面。

9·16　子曰："语之而不惰者，其①回也与！"

【注释】

① 其：大概，表推测。

【译文】

孔子说："听从我说的话，而从不懈怠的，只有颜回一个人吧！"

9·17　子谓颜渊曰："惜乎！吾见其进也，未见其止也。"

【译文】

孔子说颜回："可惜呀，我只见他不断前进，从来没见他停止过。"

名师指津

颜回是孔子得意弟子，聪明好学，安贫乐道而又努力践行仁德。他壮年离世，所以孔子倍感痛惜。

> **名师释疑**
>
> 秀：是指水稻、小麦之类的庄稼吐穗扬花。
>
> 畏：敬畏。

9·18 子曰："苗而不秀者有矣夫！秀而不实①者有矣夫！"

【注释】

① 实：结果实。

【译文】

孔子说："庄稼出苗却不吐穗扬花的情况是有的！即使吐穗扬花而不灌浆结果的情况也是有的！"

9·19 子曰："后生①可畏，焉知来者之不如今也？四十、五十而无闻焉，斯亦不足畏也已。"

【注释】

① 后生：年轻人。

【译文】

孔子说："年轻人真是值得敬畏啊，我们怎么断定他的将来不如现在的人呢？如果他们到了四五十岁的时候，仍然默默无闻，那么也就没什么值得敬畏了！"

> **名师指津**
>
> 孔子本句劝勉年轻人抓住时机，以免时光蹉跎而一无所成，到老徒悲。

9·20 子曰："岁寒，然后知松柏之后凋也。"

【译文】

孔子说："寒冷的季节来到之后，才知道松柏是最后凋零的。"

9·21 子曰："法语之言，能无从乎？改之为贵。巽与之言①，能无说乎？绎②之为贵。说而不绎，从而不改，吾末如之何也已矣。"

【注释】

① 巽（xùn）与之言：指顺耳好听的言词。巽，谦逊。与，称许。

② 绎（yì）：本指抽丝，这里指分析、推究、鉴别。

【译文】

孔子说："对于合乎礼法的劝诫，谁能不听从呢？符合周礼的劝诫，按照它的原则，改正自己的行为，才是可贵的。谦逊赞许的话，谁听了能不开心呢？但是只有经过认真分析它的真伪，这才是最可贵的。听到赞美之词，只顾着高兴却不加以辨析。对这种人，我拿他实在没有办法啊。"

9·22 子曰："三军可夺帅也，匹夫①不可夺志也。"

【注释】

① 匹夫：普通人，男人。

【译文】

孔子说："可以夺去三军的主帅，男子汉的志向是不能强迫改变的。"

《名师释疑》

法语（yù）之言：符合礼仪规则的话。法，指礼仪规则。语，告诉，规劝。

末：没有。

名师指津

此处包含两个主张：言行一致和辨别是非。

名师指津

"匹夫不可夺志"，反映孔子对于"志"的高度重视，甚至将它与三军之帅相比。

79

论语选译

名师赏析

孔子认为自己是周文化的继承者和传播者，他不重名利，推崇天命、仁德、中庸思想，并且身体力行，为弟子们做榜样，教导学生要言行一致，懂得辨别是非，强调"志向"的重要性。他的这些主张和品德，在今天仍然有着积极意义。因此在生活中，我们要向孔子学习，重视礼节，勤学苦练，树立远大的理想，将来长大后做个对国家和社会有用的人。

学习借鉴

好词

子罕言利　空空如也　欲罢不能　何陋之有　各得其所

好句

* 凤鸟不至，河不出图，吾已矣夫！

* 三军可夺帅也，匹夫不可夺志也。

* 逝者如斯夫！不舍昼夜。

思考与练习

1．"逝者如夫！不舍昼夜"的含意是什么？

2．试用300字来写写《论语·子罕篇》的读后感。

乡党篇

> **名师导读**
>
> 《乡党篇》记录了孔子日常生活状况以及对待亲朋、同僚、君王的态度等，虽然只是生活片段的记载，但是见微知著，为我们全面和生动了解孔子，提供了生动的素材。让我们一起学习吧。

10·1 孔子于乡党①，恂恂②如也，似不能言者。其在宗庙朝廷，便便言，唯谨尔。

【注释】

① 乡党：本乡本土，这里指孔子的家乡。

② 恂（xún）恂：温和恭顺的样子。

【译文】

孔子在家乡时显得温和恭顺，好像不善言辞的样子。但在祭祀和朝见的场合，却善于谈论，只是说话的时候很谨慎。

名师释疑

便（pián）便：同"辩辩"。善于言谈的样子。

名师指津

在不同的环境、不同的场合有不同的表现，这正是孔子谨慎诚敬的具体表现。

论语选译

>名师释疑>

左右手：向自己两侧的人左右手交替，拱手作揖的样子。

翼如也：如鸟儿展翅一样。

圭（guī）：一种上圆下方的玉器，举行典礼时，不同身份的人拿着不同的圭。这里指大夫出使别的诸侯国时拿在手里代表君主的圭。

享礼：指向对方贡献礼物的仪式。使者受到接见后，接着举行献礼仪式。享，献。

10·2 君召使摈①，色勃如也②，足躩③如也。揖所与立，左右手，衣前后，襜如④也。趋进，翼如也。宾退，必复命曰："宾不顾矣。"

【注释】

①摈（bìn）：同"傧"，负责招待国君的官员。这里作动词用，即接待宾客。

②色勃如也：脸色立刻变得严肃庄重起来。

③躩（jué）：快步走。

③襜（chān）如：整齐的样子。襜，整齐。

【译文】

鲁君召孔子去接待宾客，孔子脸色立刻变得严肃庄重起来，脚步也快起来。他向站在自己两侧的其他傧相，分别左右拱手作揖，衣服前后摆动，却很整齐。当他快步向前迎接宾客时，姿态像鸟儿展翅一样。贵宾走后，他一定向国君禀告说："贵宾已经走远了。"

10·3 执圭，鞠躬如也，如不胜①。上如揖，下如授。勃如战色②，足蹜蹜③，如有循。享礼，有容色。私觌④，愉愉如也。

【注释】

①胜（shēng）：承受得起，受得住。

82

② 勃如战色：像打仗时庄重紧张的神色。勃，旺盛。

③ 踧踖：小步快走。

④ 觌（dí）：相见。

【译文】

孔子出使别的诸侯国，举着圭，弯腰低头，好像举不起来的样子。向上举好像作揖，放下来好像递东西给人。脸色庄重得像战栗的样子，步子很小，好像沿着一条直线向前走一样。在赠送礼物的仪式中，显得和颜悦色。私下会见友人学生时，一副轻松愉快的样子。

10·4 齐①，必有明衣②，布。齐必变食③，居必迁坐。

▶名师释疑◀

居必迁坐：指从内室迁移到外室居住，不和妻妾同房。

【注释】

① 齐：同"斋"，即沐浴斋戒。

② 明衣：沐浴后换的衣服。

③ 变食：指斋戒时，改变平常的饮食习惯。即不饮酒，不吃葱、蒜。

【译文】

孔子斋戒沐浴的时候，一定要备有洗澡后换穿的衣服，且是用麻布做的。斋戒的时候，一定要改变饮食习惯，不可饮酒和食用气味厚重的食物。另外，还要从平日的居所中搬出来，不与妻妾同房。

名师指津

无论是在斋戒沐浴，还是饮食上，孔子处处遵循着"礼"。

论语选译

10·5　祭于公①，不宿肉。祭肉②不出三日。出三日不食之矣。

【注释】

①祭于公：士大夫参加国君举行的祭祀典礼。

②祭肉：祭祀时，用作祭品的肉。

【译文】

参加国君祭祀典礼时，国君赏赐的祭肉，不过夜就处理掉，不能留到第二天。祭祀用过的肉存放不超过三天，超过三天，就不吃了。

> **名师释疑**
>
> 他邦：其他诸侯国。
>
> 达：了解。

10·6　问①人于他邦，再拜而送之。

【注释】

①问：问候。

【译文】

孔子托他人向居住在其他诸侯国的朋友问候，在送别受托者时要拜两次后才送行。

10·7　康子馈①药，拜而受之。曰："丘未达，不敢尝。"

【注释】

①馈（kuì）：赠送。

乡党篇

【译文】

季康子赠送药品给孔子,孔子行礼拜谢后接受了馈赠。事后孔子(对身边的人)说:"我不了解这药的药性,不敢轻易尝试服用。"

> **名师指津**
> 孔子在不了解药的作用下,还是接受并感谢,表现了他一言一行都遵循着礼的原则。

10·8　厩①焚。子退朝,曰:"伤人乎?"不问马。

【注释】

①厩(jiù):马棚。

【译文】

马棚失火被烧掉了。孔子从朝廷回来的时候,问道:"人伤着了吗?"却没有问马怎样。

> **名师指津**
> 这里体现出孔子的人本思想,认为人的生命高于一切。这一点对于现代社会而言,同样具有指导意义。

10·9　疾,君视之,东首,加朝服,拖绅①。

【注释】

①绅:系在腰间的长带子。

【译文】

孔子生病卧床不起,国君前来探视,他头朝东躺在床上,把朝服盖在身上,腰间拖着大带迎接国君。

> **名师释疑**
> 加朝服:孔子病卧在床,国君来了不能起身穿朝服,所以只得把朝服盖在身上。

> **名师指津**
> 生病躺在病榻上,也不失礼于国君。

10·10　君命召,不俟①驾行矣。

85

论语选译

【注释】

① 俟（sì）：等待。

【译文】

君主传令召见孔子，他不等车马驾好，立刻就先步行走了。

10·11 朋友①死，无所归，曰："于我殡。"

> **名师释疑**
> 殡（bìn）：这里指料理丧葬事务。
>
> 绥（suí）：上车时扶手用的带子。

【注释】

① 朋友：指与孔子志同道合的人。

【译文】

孔子的朋友去世了，却没人收敛安葬。孔子说："由我来负责安葬吧。"

10·12 升车，必正立，执绥。车中，不内顾①，不疾言②，不亲指。

【注释】

① 内顾：回头看。
② 疾言：快速地说话。

> **名师指津**
> 对待不同的人、不同的环境，应遵从什么礼节，孔子都一丝不苟。

【译文】

孔子上车时，一定先端正身体直立站好，上车时拉着挽手的带子。在车上的时候，他从不回头乱看，不快速地说话，不指手画脚。

10·13 色斯举矣①，翔而后集②。曰："山梁雌雉，时哉时哉！"子路共之，三嗅而作。

【注释】

① 色斯举矣：见鸟飞起来，脸色一变。色，脸色。举，鸟飞起来。

② 翔而后集：飞翔一阵，然后落到树上。集，即鸟群同时栖息在树上。

【译文】

孔子在山间的小路上行走，看到山梁上一群野鸡在飞翔，孔子的脸色变了一下。这群野鸡飞翔了一阵，最后落在了树上。孔子说："这些山梁上的野鸡真会把握时机啊！真会把握时机啊！"子路听后，向野鸡群拱手行礼，野鸡就展翅飞走了。

名师释疑

共：同"拱"，拱手。

三嗅：长鸣了几声。

名师指津

反映了孔子爱护自然生态，人与自然和谐相处的情景。

名师赏析

孔子在面见国君时、面见大夫时的态度，他出入于公门和出使别国时的表现，都显示出正直、仁德、守礼的品格。本篇集中记载了孔子的容色言动、衣食住行，颂扬孔子是个一举一动都符合"礼"的正人君子。

论语选译

学习借鉴

好词

恂恂如也　色勃如也　不出三日　居必迁坐　翔而后集

好句

* 君命召，不俟驾行矣。

* 齐必变食，居必迁坐。

* 车中，不内顾，不疾言，不亲指。

思考与练习

1. 《论语·乡党篇》中讲述了孔子哪些日常礼仪和朝祭礼仪？

2. 读完《论语·乡党篇》有哪些领悟？试用300字写出来。

先进篇

> **名师导读**
>
> 《先进篇》主要说明了"过犹不及"的中庸思想，学习各种知识与日后做官的关系，以及孔子对待鬼神、生死问题的态度。孔子是如何看待这些问题的呢？让我们细细品读吧。

11·1 子曰："先进①于礼乐，野人②也。后进于礼乐，君子也。如用之，则吾从先进。"

【注释】

① 先进：指先学习礼乐而后做官的人。

② 野人：古人称城郊以外的乡村为野，野人指乡下人。

【译文】

孔子说："早期跟随我先学习礼乐再做官的学生，是没有爵禄的乡野平民。后来跟随我学习礼乐的学生，大多是贵族子弟，先做官而后才学习礼乐。如果要选用人才，我主张选用早期跟随我学习的人来当官掌权。"

名师释疑

后进：指先做官然后才学习礼乐的人，多为贵族弟子。

君子：这里指贵族的子弟，他们享有世袭特权。

11·2　子曰："回也，非助我者也，于吾言无所不说。"

【译文】

孔子说："颜回不是能帮助我的人，对于我所说的话，没有不心悦诚服的，从来不提出疑问和反驳。"

名师释疑
昆：兄长，哥哥。

11·3　子曰："孝哉，闵子骞！人不间①于其父母昆弟之言。"

【注释】

①间（jiàn）：间隙，引申为有疑义，挑剔。

【译文】

孔子说："闵子骞真是孝顺呀！人们对于他的父母、兄弟赞美他的话，也没有什么可挑剔的。"

名师指津
关于白圭的四句诗出自《诗经·大雅·抑》："白圭之玷（diàn），尚可磨也；斯言之玷，不可为也。"意思是：白圭的污点还可以磨掉，如果我们言语中出现了错误，就无法收回了，所以说话一定要小心谨慎。

11·4　南容三复①白圭②，孔子以其兄之子妻之。

【注释】

①三复：反复吟诵。三，多，概数。
②白圭（guī）：白色的圭玉，这里指国君和大臣在行礼时拿在手中的玉器。

【译文】

南容反复诵读了《诗经》关于白圭的几句诗，以此来告诫自己说话时要谨慎。孔子就把哥哥的女儿嫁给了他。

11·5 季康子问："弟子孰①为好学？"孔子对曰："有颜回者好学，不幸短命死矣，今也则亡②。"

【注释】

① 孰：哪一个，谁。疑问代词。

① 亡：通"无"，没有。

【译文】

季康子问孔子："你的弟子中谁是最好学的？"孔子回答道："有一个叫作颜回的学生，他最好学，不幸英年早逝了。现在我的学生中再也没有像他那样好学的人了。"

11·6 闵子侍侧，訚訚如①也；子路，行行②如也；冉有、子贡，侃侃如也。子乐。"若由也，不得其死③然。"

【注释】

① 訚（yín）訚如：恭敬正直的样子。

② 行（hàng）行如：刚强的样子。

③ 不得其死：非正常死亡，无法善终。

【译文】

闵子骞在孔子身边侍立，一副和悦而温顺的样子；子路则是一副刚强的样子；冉有、子贡从容不迫的样子。孔子很高兴，感叹道："像子路那样的性格，只怕终究会无法善终啊！"

◖名师释疑◗

侃侃如也：温和快乐的样子。

从容不迫：不慌不忙，沉着镇定。

论语选译

名师释疑

仍旧贯：依照惯例，按老样子。仍，照着。

11·7 鲁人①为②长府③。闵子骞曰："仍旧贯，如之何？何必改作？"子曰："夫人不言，言必有中。"

【注释】

① 鲁人：这里指鲁国当政的公卿大臣，即季氏。

② 为：改建的意思。

③ 长府：鲁国官府的名称。季氏作乱驱逐昭公，因为昭公曾据长府进行对抗，所以季氏要改建长府。

【译文】

鲁人要改建长府。闵子骞说："还按照老样子不行吗？为什么一定要改建呢？"孔子说："闵子骞这个人平时不爱说话，一说话就说到关键点上了。"

11·8 子曰："由之瑟①奚②为③于丘之门！"门人不敬子路。子曰："由也升堂矣，未入于室也。"

名师指津

这里由"堂"到"室"，比喻学习周礼由浅入深的几个阶段。

【注释】

① 瑟：古代一种拨弦的乐器。

② 奚：为什么。

③ 为：弹奏。

【译文】

孔子说："仲由为什么在我门下弹瑟呢！"听到孔子的话，孔子的学生们因此都不尊敬子路。孔子便说："仲由嘛，他在学习上已经达到升堂的程度了，只是不够精深，还没有达到入室的程度罢了。"

11·9 季氏富于周公，而求也为之聚敛而附益①之。子曰："非吾徒也，小子②鸣鼓而攻之可也。"

【注释】

① 附益：增加。

② 小子：老师对学生的亲切称呼。

【译文】

季氏的财富比周朝的鲁国的国君还多，冉求又帮助他搜刮钱财，使他的财富不断增加。孔子说："冉求不再是我的学生了，你们都大张旗鼓地声讨他吧！"

11·10 柴①也愚②，参也鲁③，师也辟④，由也喭⑤。

【注释】

① 柴：孔子的弟子，姓高，名柴，字子羔。

② 愚：愚笨。

③ 鲁：迟钝。

④ 辟：偏激。

⑤ 喭（yàn）：鲁莽、莽撞。

【译文】

高柴愚笨，曾参迟钝，颛孙师偏激，仲由鲁莽。

《名师释疑》

攻：声讨。

大张旗鼓：形容进攻的声势和规模很大，也形容群众活动声势和规模很大。张，陈设，展示。

论语选译

名师释疑

亿：同"臆"，估计，猜测。

践迹：踩着前人的脚印往前走。迹，脚印。

入于室：比喻学识和道德修养达到了很高的水准。

11·11 子曰："回也其庶乎，屡空①。赐不受命，而货殖②焉，亿则屡中。"

【注释】

① 屡空：时常陷于穷困。屡，多次。空，穷困。

② 货殖：做买卖。

【译文】

孔子说："颜回学问和道德修养已经很完美了，可是他常常处于贫困状态。端木赐不服从命运的安排，去做买卖，猜测行情，往往十分准确。"

11·12 子张问善人①之道。子曰："不践迹，亦不入于室。"

【注释】

① 善人：本性善良而不必经过学习的人。

【译文】

子张问怎样才能做善人。孔子回答说："不沿着前人的脚印走，学识和道德修养也达不到很高的水平。"

11·13 子曰："论笃是与①，君子者乎？色庄者乎？"

【注释】

① 论笃是与：赞许说话诚恳的人。论，言论。笃，诚恳、诚实。与，赞许。

【译文】

孔子说："我赞成说话诚恳的人，但是，还要看这个人是君子呢？还是伪装庄重的人呢？"

▶名师释疑◀

色庄：外表神色庄重得体。

名师指津

这句话说明判断一个人的品格，不能从表面现象来看，应该从内在观察。

11·14 子畏于匡①，颜渊后。子曰："吾以女②为死矣。"曰："子在，回何敢死！"

【注释】

① 畏于匡：指孔子在匡地受到围困。
② 女：同"汝"，即你。

【译文】

孔子和弟子们在匡地被老百姓包围，颜渊最后才逃出来与众人相聚。孔子说："我以为你已经死了。"颜渊说："老师您还健在，我怎么敢死呢！"

论语选译

名师指津
这里是指祭祀土地神和谷神的地方。

11·15 子路使子羔为费宰。子曰:"贼①夫人之子②。"子路曰:"有民人焉,有社稷焉,何必读书,然后为学?"子曰:"是故恶夫佞者。"

【注释】

① 贼:坑害。
② 夫人之子:指子羔。

【译文】

子路推荐子羔去做费地的长官。孔子说:"这简直是误人子弟。"子路说:"那个地方有老百姓,有祭祀社稷的祭坛,难道一定得读书才算是有学问吗?"孔子说:"所以,我憎恶那种口齿伶俐、花言巧语、善于狡辩的人。"

名师释疑
误人子弟:因无才或不负责任而耽误人家后辈学生。

名师赏析

中庸是一种折中调和思想,调和与折中是事物发展过程中的一种状态,这种状态是相对的、暂时的,孔子揭示了事物发展过程的这一状态,并概括为"中庸",这在中国文化史上是有贡献的。

学习借鉴

好词

过犹不及　心悦诚服　侃侃如也　口齿伶俐　英年早逝

误人子弟　从容不迫　大张旗鼓　花言巧语　理直气壮

好句

* 夫人不言，言必有中。

* 论笃是与，君子者乎？色庄者乎？

* 不践迹，亦不入于室。

思考与练习

1. "孝哉闵子骞！人不间于其父母昆弟之言"这句话体现了孔子的哪些思想？

2. 试用300字写出这篇《论语·先进篇》的读后感。

论语选译

颜渊篇

> **名师导读**
>
> 《颜渊篇》在《论语》中是比较重要的一篇。在本篇中，孔子向弟子阐述了怎样才是"仁"，怎样算是君子等问题。那么孔子是如何定义"仁"和"君子"的呢？让我们通过学习这一章寻找答案吧。

名师指津
表明了孔子对待人生所采取的积极进取态度，一个人能否为"仁"根本上在于自身能否自觉做到"克己复礼"。

12·1 颜渊问仁。子曰："克己复礼①为仁，一日克己复礼，天下归仁②焉。为仁由己，而由人乎哉？"颜渊曰："请问其目。"子曰："非礼勿视，非礼勿听，非礼勿言，非礼勿动。"颜渊曰："回虽不敏，请事斯语矣。"

【注释】

①复礼：恢复周礼，也就是复辟。复，实行，恢复。

②仁：即仁人，指当时的统治者。

【译文】

颜渊问孔子怎样做才是仁。孔子说："克制自己，一切言行都依照礼仪的要求，这就是仁。如果这样做了，天下的人就会归依仁了。实行仁德，完全依靠自己，难道有赖于别人吗？"颜渊又说："请问推行仁德的具体的条目规定。"孔子说："不合于周礼的东西不看，不合于周礼的言论不听，不合于周礼的话不说，不合于周礼的事不做。"颜渊说："我虽然不聪明，一定要按照您的话去做。"

12·2 仲弓问仁。子曰："出门如见大宾，使民如承大祭。己所不欲，勿施于人。在邦无怨，在家无怨。"仲弓曰："雍虽不敏，请事斯语矣。"

【译文】

仲弓问孔子怎样做才是仁。孔子说："出门办事要像招待贵宾那般恭敬认真，使唤老百姓要像举行重要祭祀那般严肃谨慎。自己不想做的事情，不要强加给别人。在诸侯的朝廷上没人怨恨自己，在卿大夫的封地里也没人对自己有怨言。"仲弓说："我虽然愚钝，也一定要照您的话去做。"

12·3 司马牛①问仁。子曰："仁者，其言也讱。"曰："其言也讱，斯谓之仁已乎！"子曰："为之难，言之得无讱乎？"

【注释】

①司马牛：孔子的弟子，姓司马，名耕，字子牛，宋国人。

名师指津

孔子提出了非常著名的文句："己所不欲，勿施于人。"自己不愿意做的事情，不要强加给别人，这一名言在当今的社会仍然被当作一个重要的行为规范。

名师释疑

家：卿大夫统治的封地称为"家"。

事：从事，照着去做。

讱（rèn）：话难说出口。引申为说话小心谨慎，不轻易开口。

99

论语选译

【译文】

司马牛孔子问怎样做才是仁。孔子说:"有仁德的人,说话是慎重的。"司马牛又问:"说话慎重,这样做叫作仁了吗?"孔子说:"做起事情来很不容易,说话能不慎重吗?"

12·4 司马牛问君子。子曰:"君子不忧不惧。"曰:"不忧不惧,斯谓之君子已乎?"子曰:"内省不疚①,夫何忧何惧?"

【注释】

① 疚(jiù):内心惭愧。

【译文】

司马牛问孔子怎样做才是君子。孔子说:"君子不忧愁、不恐惧。"司马牛说:"不忧愁、不畏惧,这样就可以被称为君子了吗?"孔子说:"君子常自我反省,自己问心无愧,那还有什么值得忧愁和畏惧的呢?"

12·5 司马牛忧曰:"人皆有兄弟,我独亡。"子夏曰:"商闻之矣:'死生有命,富贵在天。'君子敬而无失,与人恭而有礼,四海之内皆兄弟也。君子何患乎无兄弟也?"

【译文】

司马牛忧愁地说:"别人都有兄弟,唯独我孤身一人没有兄

名师指津

君子坦荡磊落,没有什么不可告人之事,由于内心充满仁爱道德,没有愧疚,所以人格高尚,自然没有可以害怕的事情。

名师释疑

问心无愧:扪心自问,毫无愧色。

患:担心,忧愁。

弟。"子夏说："我听说过：'死生是由命运决定的，富贵则是上天已经安排好的。'君子做事情严肃认真而不出差错，对人礼貌，恭敬谦逊，那么，四海之内，天下的人都是自己的兄弟了。君子又何必忧愁没有兄弟呢？"

12·6　子张问明。子曰："浸润之谮①，肤受②之愬，不行焉，可谓明也已矣。浸润之谮，肤受之愬，不行焉，可谓远也已矣。"

【注释】

① 浸润之谮（zèn）：像水一样一点一滴渗透进来的谗言，即暗中诬陷别人的坏话。谮，谗言。

② 肤受：像肌肤能感受到疼痛那样。

【译文】

子张问孔子怎样做才算是明白事理。孔子说："在不易察觉的情况下，像水滴润物那样积累的谗言，如亲身感受到切肤之痛那般直接的诽谤诬告，这两者在你那里都行不通，那你可以算是有远见的了。"

12·7　子贡问政。子曰："足食，足兵，民信之矣。"子贡曰："必不得已而去，于斯三者何先？"曰："去兵①。"子贡曰："必不得已而去，于斯二者何先。"曰："去食。自古皆有死，民无信不立。"

◆名师释疑◆

愬（sù）：诬告。

远：远见，目光长远。

诽谤（fěi bàng）：说人坏话，诋毁和破坏他人名誉。

名师指津

当时的社会正处于重大变革时期，儒家思想不适合各国统治者富国强兵，进行争霸战争的需要，因此受到冷落。

【注释】

①兵：军备，武器。

【译文】

子贡问孔子该如何治理国家。孔子说："粮食充足，军备充足，老百姓信任统治者。"子贡接着问："如果不得不去掉一项，那么在这三项中先去掉哪一项呢？"孔子说："去掉军备。"子贡又问："如果不得不再去掉一项，那么在这剩下的两项中去掉哪一项呢？"孔子说："去掉粮食。虽然没有粮食，人们无法生存，但是人总是要死的，如果老百姓对统治者不信任，国家就不存在了。"

12·8 棘子成①曰："君子质②而已矣，何以文③为？"子贡曰："惜乎，夫子之说君子也！驷不及舌。文犹质也，质犹文也。虎豹之鞹犹犬羊之鞹。"

> 名师释疑
> 鞹（kuò）：去掉毛的皮，即革。

【注释】

①棘（jí）子成：卫国大夫。

②质：质地。这里是指符合礼制的思想品质。

③文：文采，这里指礼节、仪式。

【译文】

棘子成说："君子只要具有遵守礼仪的思想品质就行了，为什么非要讲究那些的仪式干什么呢？"子贡说："先生您这样看待君子，太遗憾了。一言既出，驷马难追。思想品质如同礼节仪礼，礼节仪礼如同思想品质，如果去掉了毛，虎豹的皮和犬羊的皮便很难区别了。"

12·9 子张问崇德辨惑。子曰："主忠信，徙①义，崇德也。爱之欲其生，恶之欲其死，既欲其生，又欲其死，是惑也。'诚不以富，亦只以异。'"

【注释】

① 徙：靠近。

【译文】

子张问孔子如何提高品德，明辨是非。孔子说："亲近忠君守信的人，让自己的思想向仁义靠拢，这就是提高品德了。爱一个人就希望他活下去，厌恶起来就恨不得他立刻消失，既要他活得长久，又要他消失不见，这便是迷惑。这就像《诗经》所说的：'即使不是嫌贫爱富，也是喜新厌旧。'"

12·10 齐景公问政于孔子，孔子对曰："君君，臣臣，父父，子子。"公曰："善哉！信如君不君，臣不臣，父不父，子不子，虽有粟，吾得而食诸？"

【译文】

齐景公问孔子如何治理国家，孔子回答说："做君主的要像

名师指津

一句话说出了口，就是套上四匹马拉的车也难追上。指话说出口，就不能再收回，一定要算数。

名师释疑

崇德：提高道德修养的水平。

诚不以富，亦只以异：见于《诗经·小雅·我行其野》。

名师指津

说明孔子提倡克己复礼，人们应贵贱有序。

103

论语选译

一国之君的样子，做臣子的要像臣的样子，做父亲的要像父亲的样子，做儿子的要像儿子的样子。"齐景公说："说得太好了！如果君不像君，臣不像臣，父亲不像父亲，儿子不像儿子，虽然粮食充足，我还能吃得上吗？"

名师指津

这句话也指出每个人都做好自己的本职工作，国家就能治理好了。这一思想也反映出了孔子一贯的治国原则。

12·11 子曰："片言可以折狱①者，其②由也与？"子路无宿诺。

【注释】

① 折狱：断案。狱，案件。

② 其：大概，也许，表推测。

名师指津

证明子路在刑狱方面是卓有才干的。

【译文】

孔子说："根据单方面的供词，就可以判决诉讼案件，大概只有仲由可以吧！"子路从没有说话不算数的时候。

名师释疑

宿诺：拖了很久而没有兑现的诺言。宿，久。

12·12 子曰："听讼，吾犹人也。必也使无讼乎！"

【译文】

孔子说："审理案件，我同别人一样，但和别人不同的是，我努力让诉讼的原因消失，让人与人之间不再有诉讼的案件！"

名师指津

孔子主张的是以礼制的原则治理国家，教化人民，这样就不会产生纠纷，就能直接消除诉讼产生的根源。

12·13 子张问政。子曰："居之无倦，行之以忠。"

【译文】

子张问如何治理政事，孔子说："坚守官位，要勤勤恳恳，不懈怠，忠诚认真地执行国家政令。"

名师指津

表达居其位而不厌倦，行事要忠诚的思想。

12·14 子曰："博学于文，约之以礼，亦可以弗畔矣夫！"

【译文】

孔子说："广泛地学习各种古代典籍的知识，以礼节约束自己的言行，这样就不会做出离经叛道、背离仁义的事情了。"

◁名师释疑▷

离经叛道：原指违反封建统治阶级所尊奉的经典和教条。现泛指背离占主导地位的理论或学说。

12·15 子曰："君子成人之美，不成人之恶。小人反是。"

【译文】

孔子说："君子成全别人的好事，而不助长别人的错误。小人则与此相反。"

12·16 樊迟问仁。子曰："爱人。"问知。子曰："知人。"樊迟未达①，子曰："举直错诸枉，能使枉者直。"樊迟退，见子夏，曰："乡②也吾见于夫子而问知，子曰：'举直错诸枉，能使枉者直。'何谓也？"子夏曰："富哉言乎！舜有天下，选于众，举皋陶③，不仁者远矣。汤有天下，选于众，举伊尹，不仁者远矣。"

举直错诸枉：表示选用有贤德的人，罢黜奸佞小人。错，同"措"，放置。诸，"之于"的合音。枉，不正直。

伊尹：汤的宰相。曾辅助汤灭夏兴商。

【注释】

① 未达：不理解，不明白。达，理解。

② 乡（xiàng）：从前。这里是刚才的意思。

105

论语选译

③皋陶（gāo yáo）：传说中舜时掌管刑法的大臣。

【译文】

樊迟问孔子什么是仁，孔子说："爱人。"樊迟又问孔子什么是智，孔子说："善于识别人才。"樊迟还不完全明白。孔子说："选拔正直的人，罢黜邪恶的小人，这样就能使邪恶的人归于正直了。"樊迟退出来，找到子夏说："刚才我请教老师，问什么是智，他说：'选拔正直的人，罢黜邪恶的人，这样就能使邪恶的人归于正直了。'这是什么意思？"子夏说："这话说得多么深刻啊！舜有了天下，在众人中挑选治理国家的人才，把皋陶选拔出来，不仁的人就远离了舜。汤得到天下，在众人中挑选人才，把伊尹选拔出来，不仁的人就远离了汤。"

名师指津

孔子用浅显的道理向他解释。从治理国家的角度看，"举直错诸枉"是以实际行动来推行仁道。

名师赏析

"仁"向来是孔子思想的核心。在这篇语录中，通过仲弓问仁和樊迟问仁，我们看到孔子对"仁"的完美诠释。孔子曰：仁者，爱人。所谓"仁"就是对身边的人知礼知义，给予关爱；对于统治者来就是要施善于民，废除苛政。己所不欲，勿施于人，只有这样，同事之间、亲属之间才能和睦相处，友善交往；天下黎民百姓才能安居乐业，过上幸福的生活；一个国家才能做到繁荣昌盛，长治久安。

学习借鉴

好词

离经叛道　驷不及舌　诽谤诬告　问心无愧　切肤之痛

好句

* 克己复礼为仁,一日克己复礼,天下归仁焉。

* 非礼勿视,非礼勿听,非礼勿言,非礼勿动。

* 死生有命,富贵在天。

思考与练习

1. 关于《论语·颜渊篇》有哪一些问题?

2. 试用300字来写这篇《论语·颜渊篇》的读后感。

论语选译

子路篇

名师导读

本篇包含的内容比较广泛，其中有关于如何治理国家的政治主张、孔子的教育思想、个人的道德修养与品格完善，以及"和而不同"的思想。具体内容是什么呢？让我们通过本篇的学习，寻找答案吧！

13·1 子路问政。子曰："先①之②劳之。"请益，曰："无倦。"

名师释疑
倦：厌倦，懈怠。

【注释】

① 先：先导，引导，这里是教化的意思。
② 之：代指百姓。

【译文】

子路问孔子怎样管理政事，孔子说："己身为先，吃苦耐劳。"子路请求孔子多讲一点，孔子又说："办事要勤勉，不要松懈。"

名师指津
这句话告诉我们做事情必须要勤快，不要松懈，这样才能成功。

子路篇

13·2 仲弓为季氏宰，问政。子曰："先有司①，赦小过，举贤才。"曰："焉知贤才而举之？"子曰："举尔所知，尔所不知，人其舍诸？"

【注释】

①先有司：首先任命负责掌管具体事务的下属官吏，让他们各司其职，而后问责他们处理的事物。先，先导。有司，古代负责具体事务的官吏。

【译文】

仲弓做了鲁国季氏的家臣，向孔子请教如何管理政事。孔子说："首先，任命负责掌管具体事务的下属官吏，让他们各司其职，赦免他们小的过失，挑选有贤德有才华的人任职。"仲弓又问孔子："怎样知道谁是贤良的人才并把他们选拔出来呢？"孔子说："选拔你所知道的贤才，至于你所不知道的贤才，别人难道会把他埋没吗？"

【名师释疑】

各司其职：各自管好、做好自己的工作。

中（zhòng）：得当。

13·3 子路曰："卫君①待子而为政，子将奚②先？"子曰："必也正名③乎！"子路曰："有是哉，子之迂④也！奚其正？"子曰："野哉由也！君子于其所不知，盖阙如也。名不正则言不顺，言不顺则事不成，事不成则礼乐不兴，礼乐不兴则刑罚不中，刑罚不中则民无所措手足。故君子名之必可言也，言之必可行也。君子于其言，无所苟而已矣。"

【名师指津】

孔子的"正名"思想不仅对后世儒家有深远影响，在中国学术界同样有广泛影响，先秦诸子多家论著对此都有申论，是中国古代思想家所关注的重要议题。

109

论语选译

【注释】

①卫君：指卫出公，名辄，卫灵公之孙。他父亲蒯聩在做太子时，因耻其母南子夫人的淫乱，欲杀不果而出奔。卫灵公于是立蒯聩之子辄以拒蒯聩。蒯聩欲杀母，得罪其父，卫出公据国以绝父。都是无义之人，所以孔子主张为政之道以正名为先。

②奚（xī）：什么。

③正名：即正名分。

④迂：迂腐，不合时宜。

【译文】

子路对孔子说："如果卫国国君要您去治理国家，您打算先做哪些事情？"孔子说："首先必须正名分！"子路说："有这个必要吗？您怎么如此迂腐，为什么要正名分呢？"孔子说："仲由，你真粗俗鲁莽呀！君子对自己不知道的事情，总是采取存疑的态度，名分不正，讲起话来就不顺当合理；说话不顺当合理，事情就办不成；事情办不成，国家的礼乐制度也就不能兴起来；礼乐制度兴不起来，刑罚的执行就不会得当；刑罚不得当，老百姓就不知怎么办好，就会做出违反礼治规定的事来。所以君子确定一个名分，必须能够说得明白，说出来一定能够行得通。君子对于自己说的话，没有一点马虎才行。"

13·4 樊迟请学稼。子曰："吾不如老农。"请学为圃①。曰："吾不如老圃。"樊迟出。子曰："小人②哉，樊须也！上好礼，则民莫敢不敬；上好义，则民莫敢不服；上好信，则民莫敢不用情。夫如是，则四方之民襁负其子而至矣，焉用稼！"

【注释】

① 圃（pǔ）：菜地，引申为种菜。下文"老圃"指种菜的老农。
② 小人：即小民，老百姓。

【译文】

樊迟向孔子请教如何种田，孔子说："我不如农民。"樊迟又请教孔子如何种菜，孔子回答："我不如种菜的。"樊迟刚出去，孔子就说："樊须真是个没见识的人呀！上位的人重视礼，老百姓没有不敬畏的；上位的人重视义，老百姓没有不服从的；上位的人重视诚信，老百姓就不敢隐瞒真情。只要这样，四面八方的老百姓就会背着小孩前来投奔归顺，哪里用得着自己去种庄稼呢！"

名师释疑

樊须：樊迟。古时候，对于地位比自己卑下的人，一般直呼其名。

用情：真实的情感，说实话。

襁（qiǎng）：用来背婴孩的被毯。

名师指津

这从一个侧面说明孔子对士人的定位，他培养学生的目的是践行道义，而不是种菜、种庄稼。

论语选译

> **名师释疑**
> 诵诗三百：熟练地背诵《诗经》的所有诗篇。诗，指的是《诗经》。

13·5 子曰："诵《诗》三百，授之以政，不达①；使于四方，不能专对②。虽多，亦奚以为？"

【注释】

① 达：通达。这里是会运用的意思。

② 专对：独自对答。

【译文】

孔子说："有的人把《诗》三百篇背得很熟练，让他处理国内政务，却不行；让他出使他国，也不能独立地谈判交涉。诗篇背得虽多，又有什么用呢？"

> **名师指津**
> 体现了孔子学以致用的教育思想。孔子不仅不主张死记硬背，而且认为学到知识应做官出仕，把学到的知识运用到社会实践中去，服务于社会。

13·6 子曰："其身正，不令而行；其身不正，虽令不从。"

【译文】

孔子说："自身的行为端正，就是不发命令，老百姓也会去做；自身的行为不端正，即使是发布了命令，老百姓也不会服从。"

> **名师指津**
> 说明了执政者以身作则，率先垂范的重要性。

13·7 子曰："鲁卫之政，兄弟也。"

【译文】

孔子说："鲁国的政事和卫国的政事，就像兄弟一样相差不多。"

13·8 子谓卫公子荆①："善居室②。始有，曰：'苟合矣。'少有，曰：'苟完矣。'富有，曰：'苟美矣。'"

◆名师释疑◆

合：这里是足够的意思。

庶：众多，指人口众多。

【注释】

① 卫公子荆：卫国大夫，字南楚，卫献公的儿子，又被称为公子荆。

② 善居室：善于管理经济，打理钱财，居家过日子。善，善于，擅长。

【译文】

孔子说到卫国的公子荆，说："他很会管理家业。当他开始拥有一点财产的时候，就说：'这差不多够用了。'财产再增加一点时，他说：'这差不多基本完备了。'当钱财达到富足的时候，就说：'这算是非常完美了。'"

名师指津

孔子非常赞赏公子荆对钱财的态度，能随时知足，不奢侈。这也告诉我们不要太重视钱财，知足就能快乐。

13·9 子适①卫，冉有仆②。子曰："庶矣哉！"冉有曰："既庶矣，又何加焉？"曰："富之。"曰："既富矣，又何加焉？"曰："教之。"

【注释】

① 适：往，到。

② 仆：驾车，名词用作动词。

论语选译

名师指津

孔子主张"先富后教":先"足民",再"富民",再"教民"。

【译文】

　　孔子到卫国去,冉有为他驾车。孔子说:"这里人真多呀!"冉有问:"如果已经拥有了众多的人口,又该怎么办呢?"孔子说:"使老百姓富裕起来。"冉有又问:"百姓富裕以后又该怎么办呢?"孔子说:"教育他们。"

13·10　子曰:"苟有用我者,期月而已可也,三年有成。"

名师释疑

期(jī)月:一周年。

胜残:教导残暴的人不再作恶,弃恶向善。

王者:即孔子理想中的帝王,这里指的是圣明的君主。

世:三十年为一世。

【译文】

　　孔子说:"假如有人任用我治理国家,那么,一年的时间便可以初见治理的成效,三年以后,国家的情况就一定会有好转。"

13·11　子曰:"善人为邦百年,亦可以胜残去杀矣。诚哉是言也!"

【译文】

　　孔子说:"善人治理国家,经过一百年的教化,也就可以战胜残暴,不再作恶,免去杀戮了。这话说得真对呀!"

13·12　子曰:"如有王者,必世而后仁。"

【译文】

　　孔子说:"如果出现圣明的君主,必须经过三十年的治理,才能实现仁政。"

子路篇

13·13 子曰："苟正其身矣，于从政乎何有？不能正其身，如正人何？"

【译文】

孔子说："如果端正了自身的言行，管理政事还有什么困难呢？如果不端正本身行为，又如何要求别人端正言行呢？"

13·14 冉子①退朝。子曰："何晏②也？"对曰："有政③。"子曰："其事也。如有政，虽不吾以，吾其与闻之。"

【注释】

① 冉子：冉求。

② 晏：迟，晚。

③ 有政：有政务要处理。

【译文】

冉求办完了公事回来。孔子说："为什么回来这么晚？"冉求回答说："有政务要处理。"孔子说："那只是一般事务罢了。若是政务，即使国君不任用我了，我也会知道的。"

13·15 定公问："一言而可以兴邦，有诸？"孔子对曰："言不可以若是，其几也，人之言曰：'为君难，为臣不易。'如知为君之难也，不几乎一言而兴邦乎？"曰："一言

名师指津

俗话说："正人先正己。"本章里孔子所讲的就是这个道理。孔子把"正身"看作是从政为官的重要方面，是有深刻的思想价值的。

名师指津

从这句话可以看出孔子回鲁国后虽在著书立说，但仍关心政治。

◁ 名师释疑 ◁

定公：鲁定公，姓姬，名宋。鲁昭公的儿子。

诸："之乎"二字的合音。

几（jī）：接近，差不多。

115

而丧邦，有诸？"孔子对曰："言不可以若是，其几也，人之言曰：'予无乐乎为君，唯其言而莫予违也。'如其善而莫之违也，不亦善乎？如不善而莫之违也，不几乎一言而丧邦乎？"

【译文】

鲁定公问孔子："一句话就可以使国家兴盛起来，有这样的话吗？"孔子答道："不可能有这样的话，但有近乎这样的话，有人说过：'做君主是很难的，做臣子也是不容易的。'如果知道做君主很难，这不就是一句话便可以使国家兴盛吗？"鲁定公又问："一句话便可以使国家丧亡，有这样的话吗？"孔子答道："不可能有这样的话，但有近乎这样的话，有人说过：'我做君主没有感受到什么乐趣，我所高兴的只在于我所说的话没有人敢于违抗。'假如国君的话是正确的而没人违抗，不是很好吗？假如国君的话是不正确的，却没有人起来违抗，这岂不近乎一句话便可使国家丧亡吗？"

13·16 叶公问政。子曰："近者说，远者来。"

【译文】

叶公问孔子怎样管理国家政事。孔子回答说："要使自己国家的老百姓感到高兴，使别的国家的老百姓来投奔你。"

子路篇

13·17 子夏为莒父宰，问政。子曰："无欲速，无见小利。欲速则不达，见小利则大事不成。"

【译文】

子夏出任莒父的总管，他问孔子怎样治理这个地方。孔子说："不要追求治理成效的速度，不要贪求小利。过于求快反而实现不了自己的目标，贪求小利也是做不成大事的。"

> **名师指津**
> 这是一条教人做人、做事的哲理。至今都有积极意义。

13·18 叶公语孔子曰："吾党有直躬者①，其父攘羊而子证之。"

孔子曰："吾党之直者异于是：父为子隐，子为父隐，直在其中矣。"

【注释】

①直躬者：性情正直、直率的人。躬，身体，身子。

【译文】

叶公对孔子说："在我的家乡，有一个正直的人，他的父亲偷了别人家的羊，他便亲自去告发了自己的父亲。"孔子说："我们家乡的正直的人和你讲的正直的人是不一样的：父亲为儿子隐瞒过失，儿子为父亲隐瞒过失，正直的品德就体现在此其中了。"

> **名师释疑**
> 莒（jǔ）父：鲁国的一个城邑，在今山东省莒县境内。
>
> 党：这里指的是叶公的家乡。
>
> 攘（rǎng）：盗窃，窃取。

> **名师指津**
> 孔子强调做事讲伦理，不单凭行为本身来界定。

117

论语选译

> **名师释疑**
>
> 之：去，到。
>
> 斗筲（shāo）之人：这里用来借喻肚量小、目光短浅的人。筲，竹器。斗筲，指容量很小的东西。

13·19　樊迟问仁。子曰："居处恭，执事敬，与人忠。虽之夷狄，不可弃也。"

【译文】

樊迟请教孔子，怎样做才是仁。孔子说："平时庄重谦恭，办事严肃认真，与人交往真诚。具备了这三种德行，即使到了缺少教化的少数民族边远地区，也不可丢弃这些言行的准则。"

13·20　子贡问曰："何如斯可谓之士矣？"子曰："行己有耻，使于四方，不辱①君命，可谓士矣。"曰："敢问其次？"曰："宗族称孝焉，乡党②称弟焉。"曰："敢问其次？"曰："言必信，行必果。硁硁③然小人哉！抑④亦可以为次矣。"曰："今之从政者何如？"子曰："噫！斗筲之人，何足算也！"

【注释】

① 辱：这里是辜负的意思。

② 乡党：家乡。

③ 硁（kēng）硁：浅薄固执的样子。

④ 抑：但是。

【译文】

子贡问孔子："怎样的人才配称为士？"孔子说："自己能够保持羞耻之心，作为使节出使到其他诸侯国家去，能够不辜负

子路篇

君主委以的重任,这种人便可以称为士了。"子贡又问:"请问次一等的人呢?"孔子说:"宗族中的人称赞他孝顺父母,乡里的人称赞他尊敬兄长。"子贡接着问:"请问再次一等的人呢?"孔子说:"说话要讲信用,说过的就一定要兑现。这种人虽然是固执己见的小人,但也可以算是再次一等的士。"子贡又说:"现在的执政者,您看怎样?"孔子说:"哼,那都是些目光短浅、器量狭小的卑贱小人,哪里算得上什么士呢!"

名师指津

子贡问"士"的本意在于问"今之从政"的人如何,而在孔子看来,当时的从政者识量浅狭,连最起码的诚信都做不到,不够资格称作"士"。

名师赏析

"正名"是孔子"礼"的思想的组成部分。正名的具体内容就是"君君、臣臣、父父、子子",只有"名正"才可以做到"言顺",接下来的事情就迎刃而解了。孔子毫不客气地指责想学种庄稼和种菜的樊迟是小人,可以清楚地看出他的教育思想。他认为,在上位的人哪里需要学习种庄稼、种菜之类的知识,只要重视礼、义、信也就足够了。他培养学生,不是为了以后去种庄稼种菜,而是为了从政为官。在孔子时代,接受教育的人毕竟是少数,劳动者只要有充沛的体力就可以从事农业生产,而教育的目的,就是为了培养实行统治的知识分子。这在当时的历史条件下有其相对的合理性。

学习借鉴

好词

各司其职　粗俗鲁莽　不合时宜　不令而行　欲速不达

目光短浅　斗筲之人　固执己见　著书立说　一言兴邦

好句

* 居处恭，执事敬，与人忠。

* 名不正则言不顺，言不顺则事不成。

* 欲速则不达，见小利则大事不成。

思考与练习

1. 孔子认为应如何管理政事？

2. 读完这篇《论语·子路篇》，你有什么心得体会？

宪问篇

> **名师导读**
>
> 这一篇中所包括的主要内容有：作为君子必须具备的某些品德；孔子对当时社会上的各种现象所发表的评论；孔子提出"见利思义"的义利观等。孔子是如何看待这些问题的呢？通过学习本篇去文中寻找答案吧！

14·1 宪[①]问耻。子曰："邦有道，谷[②]；邦无道，谷，耻也。""克、伐、怨、欲不行焉，可以为仁矣？"子曰："可以为难矣，仁则吾不知也。"

《名师释疑》

为难：难得，难能可贵。

【注释】

① 宪：姓原，名宪，字子思，孔子的学生，七十二贤人之一。

② 谷：这里指官员的俸禄。

【译文】

原宪问孔子什么行为是可耻的。孔子说："国家政治清明，你可以做官拿俸禄；国家政治黑暗，官员还拿俸禄，这就是可耻。"原宪又问："好胜、自夸、怨恨、贪欲都没有的人，可以算做到

121

论语选译

名师指津

孔子在这里认为戒除了好胜、自夸、怨恨、贪欲的人难能可贵，但究竟合不合"仁"，他说就不得而知。显然，"仁"是最高的道德标准。

名师释疑

危：端正，正直。

言：口才好，善于言辞。

禹、稷（jì）：两个上古人物的名字。禹，善于治水，精于水利。他是夏朝的开国君主，非常重视农耕。稷，传说中周朝的先祖，因教授民众如何种植庄稼，又被称为谷神。

名师指津

孔子在论仁、智、勇三者的关系，仁德相同，言者有智，仁者高于智者和勇者。

仁了吧？"孔子说："能做到这样是难能可贵的，是否至于仁德，那我就不知道了。"

14·2 子曰："士而怀居，不足以为士矣。"

【译文】

孔子说："如果身为士，留恋家庭的安逸生活，就不足以成为一个士了。"

14·3 子曰："邦有道，危言危行；邦无道，危行言孙。"

【译文】

孔子说："国家政治清明时，要说话正直，端正自己的行为。国家黑暗时，行为要端正，说话要谦逊谨慎。"

14·4 子曰："有德者必有言，有言者不必有德。仁者必有勇，勇者不必有仁。"

【译文】

孔子说："有德行的人一定善于言辞，但善于言辞的人不一定有德行。仁义的人必然勇敢，但勇敢的人不一定有仁德。"

14·5 南宫适①问于孔子曰："羿②善射，奡③荡舟④，俱不得其死然。禹、稷躬稼而有天下。"夫子不答。南宫适出，子曰："君子哉若人！尚德者若人！"

【注释】

① 南宫适（kuò）：即南宫括，南容。

② 羿（yì）：相传为夏代有穷国的君主，善于射箭。曾夺夏太康的王位，后被大臣寒浞所杀。

③ 奡（ào）：传说是寒浞的儿子，力气很大，善于水战，后被夏后少康所杀。

④ 荡舟：指水战。

【译文】

南宫适问孔子："羿善于射箭，奡善于水战，最后都不是正常死亡。禹、稷亲自种庄稼，却取得了天下。"孔子没有回答。南宫适出去后，孔子说："这个人真是个君子呀！这个人真尊重道德呀！"

【名师释疑】

若人：这个人。若，这，代词。

忠：忠诚无私，尽心竭力。

14·6　子曰："君子而不仁者有矣夫，未有小人而仁者也。"

【译文】

孔子说："君子中不仁的人也有吧，小人中却不会有仁人。"

【名师指津】

孔子认为有没有仁德是君子和小人的分水岭。

14·7　子曰："爱之，能勿劳乎？忠焉，能勿诲乎？"

【译文】

孔子说："爱他，能不为他操劳吗？忠于他，能不对他进行劝诫吗？"

论语选译

名师释疑

行人：外交官。即掌管外交事务的官员，其职责是负责朝觐聘问。

东里：地名，郑国大夫子产居住的地方。

骈（pián）邑：齐国地名。

没齿：终身，终生。

名师指津

孔子肯定了郑国制作外交公文的认真、谨慎的态度，同时对子产的工作表示了肯定。

14·8 子曰："为命①裨谌②草创③之，世叔④讨论之，行人子羽⑤修饰之，东里子产润色之。"

【注释】

①命：辞命，文告。

②裨谌（bì chén）：人名，郑国的大夫。

③草创：即起草，写下草稿。

④世叔：即子太叔，名游吉，郑国大夫。子产死后，继子产为郑国宰相。

⑤子羽：行人，子羽，郑国大夫公孙挥的字。

【译文】

孔子说："郑国发表的外交公文，总是由裨谌起草，世叔研究后提出意见，外交官子羽加以修饰，由子产做最后的润色。"

14·9 或问子产。子曰："惠①人也。"问子西②。曰："彼哉！彼哉！"问管仲。曰："人也。夺伯氏骈邑三百，饭疏食，没齿无怨言。"

【注释】

①惠：爱。即为民众着想，爱民如子。

②子西：楚国的令尹（宰相）子西，名申。子西曾阻止楚昭王任用孔子，孔子对他一直怀恨在心。

宪问篇

【译文】

有人问孔子，子产是个怎样的人。孔子说："是个宽厚慈惠的人。"此人又问子西。孔子感叹道："他这个人呀！他这个人呀！"又问管仲。孔子说："是个有才能的人。他夺取了伯氏在骈邑将近三百家的封地。虽然伯氏因此只能吃粗茶淡饭度日，但终生不曾有丝毫怨言。"

名师指津
说明孔子对子西持有轻视、蔑视的态度。

14·10 子曰："贫而无怨难，富而无骄易。"

【译文】

孔子说："贫穷而能够没有怨恨是困难的，富裕而不骄傲是容易的。"

名师指津
孔子阐述了贫穷和富裕的本质区别。

14·11 子曰："孟公绰①为赵、魏②老则优③，不可以为滕、薛④大夫。"

名师释疑
老：这里指古代大夫的家臣。

【注释】

①孟公绰：鲁国大夫，属于孟孙氏家族。

②赵、魏：这里指晋国的两个卿大夫家族。

③优：有余，富裕。

④滕、薛：是两个较小的诸侯国家。滕在今山东滕县，薛在今山东滕县东南。

论语选译

名师指津

通过这段话可以看出，孔子对孟公绰的品德和才能非常了解，真正做到了知人善任。

名师释疑

卞庄子：鲁国大夫，因其封地在卞邑，以勇气闻名于世。

要(yāo)：这里是穷困的意思。

【译文】

　　孔子说："孟公绰要是做晋国赵氏、魏氏的家臣，才力还是有余的，但不能做滕、薛这样小国的大夫。"

14·12 子路问成人①。子曰："若臧武仲②之知，公绰之不欲，卞庄子之勇，冉求之艺，文之以礼乐，亦可以为成人矣。"

曰："今之成人者何必然？见利思义，见危授命，久要不忘平生之言，亦可以为成人矣。"

【注释】

① 成人：完美的人。
② 臧武仲：臧孙氏，名纥，鲁国的大夫。

【译文】

　　子路问怎样做才是一个完美的人。孔子说："如果具有臧武仲的智慧，孟公绰的克制，卞庄子的勇敢，冉求的才艺，再用礼乐加以修饰，这样也就可以成为一个完美的人了。"孔子又说："现在要成为完美的人何必一定要这样要求呢？现在的人，只要见到财利而想到道义，遇到国家或君主有危急而肯付出生命，久处困境也不忘记平生的诺言，这样也可以成为一位完美的人了。"

名师指津

孔子认为，人格的完善应当具备智慧、勇敢、克制、多才多艺。

14·13 子问公叔文子①于公明贾②曰:"信乎,夫子③不言,不笑,不取乎?"公明贾对曰:"以告者过也。夫子时然后言,人不厌其言;乐然后笑,人不厌其笑;义然后取,人不厌其取。"子曰:"其然,岂其然乎?"

【名师释疑】

以:这里是"这个"的意思。

名师指津

孔子通过询问了解到,公叔文子是一个仁义之人,一个具备良好品格和良好人格的人。

【注释】

① 公叔文子:姓公孙,名拔,卫国大夫,卫献公之孙,谥号"文",所以叫公叔文子。

② 公明贾:公叔文子的使臣,卫国人。姓公明,名贾。

③ 夫子:指公叔文子。

【译文】

孔子向公明贾询问公叔文子的品行。孔子说:"听人说,先生不说,不笑,不随意取钱财,真的是这样吗?"公明贾回答说:"这是告诉您这番话的人说错了。我家先生只有到他该说话的时候才开口,所以没有人厌恶听他说话。高兴快乐的时候才笑,所以没人讨厌他笑。只取合乎道义的钱财,所以没人讨厌他获取钱财。"孔子说:"是这样吗?难道真是如此吗?"

14·14 子曰："臧武仲以防①求为后②于鲁,虽曰不要君,吾不信也。"

【注释】

① 防:鲁国地名,臧武仲受封的地方,在今山东费县东北。

② 为后:即为后代谋求官爵。

【译文】

孔子说:"臧武仲以自己的封地防邑,要求鲁国君主给自己的后代赐封官爵。虽然,有人说臧武仲这样做,并不算是要挟国君,但是我不信。"

名师指津
孔子认为,臧武仲用自己的封地作为条件,来要挟君主,犯上作乱,犯下了不忠的大罪,他的行为是必须批判的。

14·15 子曰："晋文公①谲②而不正;齐桓公正而不谲。"

【注释】

① 晋文公:姓姬,名重耳。晋国国君,春秋时期有作为的政治家,著名的霸主之一。

② 谲(jué):欺诈,玩弄手段。

【译文】

孔子说:"晋文公诡诈,喜好玩弄政治手段,作风不正派;齐桓公作风正派,不欺诈,不玩弄权术。"

名师指津
晋文公的行为不符合"义"的要求,是一个不义之人。齐桓公是一个正义之人,是春秋时期有作为的政治家。

14·16 子路曰："桓公杀公子纠①，召忽②死之③，管仲不死。"曰："未仁乎？"子曰："桓公九合诸侯，不以兵车④，管仲之力也！如其仁！如其仁！"

【注释】

① 公子纠：齐桓公的哥哥。齐桓公为保住自己的国君之位，杀掉了他。

② 召忽：公子纠的家臣，也是公子纠的老师。

③ 死之：指召忽在公子纠被杀后，自杀殉主。

④ 不以兵车：不依靠武力。以，依靠，凭借。兵车，即战车，这里代指武力。

【译文】

子路说："齐桓公杀了公子纠，召忽自杀以殉，但管仲却没有自杀。"子路又说："这样，管仲不能算是仁吧？"孔子说："齐桓公多次召集各诸侯国的盟会，不用武力，这都是管仲的力量啊！这就算是他的仁德吧！这就算是他的仁德吧！"

14·17 子贡曰："管仲非仁者与？桓公杀公子纠，不能死，又相之。"子曰："管仲相桓公，霸诸侯，一匡①天下，民到于今受其赐。微②管仲，吾其被发左衽矣。岂若匹夫匹妇之为谅也，自经于沟渎而莫之知也？"

【名师释疑】

九合诸侯：是指齐桓公称为霸主后，多次召集各方诸侯会盟。九，这里不是指具体的次数，而是泛指多次。

如其仁：这就是他的仁德。如，就是，乃。

被发左衽（rèn）：即不束发，任由其散乱，而且衣襟开向左边。这是其他民族的装束。被，同"披"。衽，衣襟。

【名师指津】

管仲虽然有不足之处，但他辅佐君主管理国家时反对武力，实行仁政，从而化解国家之间的矛盾，使人民免受战争之苦，国泰民安，从这一点看，他又是一个仁德之人。

【注释】

① 匡：纠正。

② 微：没有。

【译文】

子贡说："管仲不能算是仁人吧？桓公杀了管仲的主人公子纠，他不仅没有自杀，反而去辅佐桓公。"孔子说："管仲辅佐桓公，使齐国在诸侯中称霸，并使天下走上正道。老百姓到了今天还享受到他的好处。如果没有管仲，恐怕我们也要披着头发，衣襟向左开了。难道他也要像一般老百姓那样遵守小节，在小山沟中自杀也没有人知道吗？"

14·18 公叔文子之臣大夫僎①与文子同升诸公②。子闻之，曰："可以为'文'矣。"

【注释】

① 僎：人名。卫国大夫，原是公叔文子的家臣。

② 同升诸公：公，公室。"同升诸公"，意思是说僎由家臣升为大夫，与公孙文子同位。

【译文】

公叔文子推荐自己的家臣僎，同公叔文子一样做了卫国的大夫。孔子知道这件事后说："公叔文子死后，完全能以'文'作为他的谥号了。"

名师释疑
谥号：贵族死后评价生平事迹与品德修养。

名师指津
孔子认为公叔文子能够唯才是举，知人善任，选用人才不在意对方的身份地位，是个仁德之人。

宪问篇

14·19 子言卫灵公之无道也，康子①曰："夫如是，奚而不丧？"

孔子曰："仲叔圉②治宾客，祝鮀治宗庙，王孙贾治军旅。夫如是，奚其丧？"

【注释】

① 康子：即季康子。鲁国正卿，是当时鲁国的权臣。

② 仲叔圉（yǔ）：孔文子，卫国大夫。

【译文】

孔子说到卫灵公无道的时候，季康子说："卫灵公既然无道，为什么国家还不败亡呢？"孔子说："因为他有仲叔圉接待宾客，祝鮀主管祭祀，王孙贾统率军队。像这样，他的国家怎么会败亡呢？"

14·20 子曰："其言之不怍，则为之也难。"

【译文】

孔子说："如果一个人说话大言不惭，那么，要兑现自己说的话就会很困难了。"

名师释疑

王孙贾：卫国的大夫。

怍（zuò）：惭愧。

名师指津

卫灵公因为有贤能的人辅佐，才使国家不会灭亡。从侧面赞扬了三位贤臣的仁德。

论语选译

14·21 陈成子①弑简公②。孔子沐浴③而朝，告于哀公④曰："陈恒弑其君，请讨之。"公曰："告夫三子⑤。"孔子曰："以吾从大夫之后⑥，不敢不告也。君曰'告夫三子'者！"之三子告，不可。孔子曰："以吾从大夫之后，不敢不告也。"

名师指津
从这句话可以看出，孔子的报告没有得到重视，所以心里抱怨又无可奈何。

名师释疑
之：去，往。这里用作动词。

【注释】

①陈成子：陈恒，又被称为田成子，齐国大夫。公元前481年，他犯上作乱，杀死齐简公，拥立齐平公，自己出任宰相，由此完全掌握了齐国的政权。

②简公：齐简公，姓姜，名壬。他是齐悼公的儿子，前484至前481年在位。

③沐浴：洗澡。这里指举行斋戒。

④哀公：即鲁哀公。

⑤三子：指当时鲁国轮流掌权的季孙、孟孙、叔孙三个家族。

⑥从大夫之后：这是对自己曾经做过大夫官职的谦虚说法。

【译文】

陈成子犯上作乱，杀了齐简公，孔子听说后马上洗澡斋戒，随即去觐见鲁哀公，报告说："陈恒杀死了自己的君主，请国君出兵讨伐他。"哀公听了说："你去报告三位大夫吧！"孔子退出来后说道："因为我曾做过大夫，所以不敢不来报告，君主却说'你把这件事报告给那三位大夫吧'！"孔子去向三位大夫报告，但三位大夫不同意派兵讨伐。孔子又说："因为我曾做过大夫，所以不敢不来报告此事啊。"

14·22 子路问事君。子曰:"勿欺也,而犯之。"

【译文】

子路问孔子怎样侍奉君主。孔子说:"不能欺骗君主,但可以规劝君主。"

名师指津
孔子强调侍奉君主要尽职尽忠,并且要时时劝戒。

14·23 子曰:"君子上达,小人下达。"

【译文】

孔子说:"君子向上不断地追求通达仁义,小人则向下不停地贪图钱财和名利。"

名师指津
从根本上剖析了君子和小人不同的追求。

14·24 子曰:"古之学者为己,今之学者为人。"

【译文】

孔子说:"过去的人学习目的是为了提高自己的学识和道德修养。现在的人学习,目的则是为了装饰自己的门面给他人看。"

名师指津
孔子认为学习必须明确学习的目的,学习是为了提高自己在各方面的知识技能和道德品质修养,而不是装饰自己,作为向别人炫耀的资本。

14·25 蘧伯玉①使人于孔子,孔子与之坐而问焉,曰:"夫子何为?"对曰:"夫子欲寡其过而未能也。"使者出,子曰:"使乎!使乎!"

【注释】

①蘧(qú)伯玉:名瑗,字伯玉,卫国大夫。孔子在卫国时,

名师释疑
欲寡其过:想要减少自己所犯的过错。寡,这里是少的意思。

133

论语选译

曾在他家中居住。

【译文】

蘧伯玉派了一个使者去拜访孔子，孔子让使者坐下，然后问道："他老先生在做什么？"使者答道："老先生想减少自己所犯的错误，但始终未能实现自己的目标。"使者走了以后，孔子说："这是个好使者！这真是个好使者！"

14·26 子曰："莫我知也夫！"子贡曰："何为其莫知子也？"子曰："不怨天，不尤①人，下学②而上达③，知我者其天乎！"

【注释】

① 尤：责怪、埋怨。

② 下学：具体指的是学习人事民情。

③ 上达：指的是知晓天命。

【译文】

孔子说："没有人了解我啊！"子贡说："怎么能说没有人了解老师呢？"孔子说："我不埋怨天，也不责怪他人，下学礼乐，上知晓天命，了解我的只有上天吧！"

名师指津

孔子从蘧伯玉派来的使者都那么谦卑懂礼，来判断出蘧伯玉必定是一位贤德的人。因此，分外地感叹这是一位好使者。

名师指津

表达了对自己不能施展抱负的感慨和无奈。

14·27 公伯寮①愬②子路于季孙。子服景伯③以告，曰："夫子固有惑志于公伯寮，吾力犹能肆诸市朝。"子曰："道之将行也与，命也；道之将废也与，命也。公伯寮其如命何？"

【名师释疑】

肆：罪犯行刑后陈尸示众。

【注释】

① 公伯寮：字子周。孔子的学生，曾为季氏的家臣。

② 愬（sù）：同"诉"，告发，诽谤。

③ 子服景伯：姓子服，名伯，谥号"景"，鲁国的大夫。

【译文】

公伯寮向季孙诬谤子路。子服景伯把这事告诉孔子，并且说："季孙氏已经被公伯寮迷惑，对子路不信任了。以我的力量能够把他的尸首摆在市场上示众。"孔子说："我的主张能够得到推行，是天命决定的；我的主张不能得以实施，也是天命决定的。公伯寮能把上天的旨意怎么样呢？"

【名师指津】

孔子认为成事与否是由上天决定的，人的意志改变不了天命。

名师赏析

孔子认为，具有完善人格的人，应当智慧、克制、勇敢、多才多艺，重视礼乐修饰，应当做到在见利见危和久居贫困的时候，能够思义授命，不忘平生之言，"见利思义"的主张，对后世产生了极大的影响。

论语选译

学习借鉴

好词

大言不惭　下学上达　为人处世　尽公竭力　欲寡其过

见危授命　爱民如子　粗茶淡饭　见利思义　犯上作乱

好句

* 见利思义，见危授命。

* 古之学者为己，今之学者为人。

思考与练习

1. 如何理解"仁者必有勇，勇者不必有仁"这句话的意思？

2. 试用300字来写一下《宪问篇》的读后感。

卫灵公篇

名师导读

《卫灵公篇》主要讲孔子的"君子小人"观的若干方面、孔子的教育思想和政治思想,以及为人处世的道理。那么孔子是如何定义"君子"的呢?又是如何为人处世的呢?让我们一起阅读全文,继续感受孔子的道德教育吧。

15·1 卫灵公问陈①于孔子。孔子对曰:"俎豆之事,则尝闻之矣;军旅之事,未尝学也。"明日遂行。

【注释】

① 陈:同"阵",指两军对战时布列的阵势。

【译文】

卫灵公向孔子请教军队列阵的问题。孔子回答说:"礼节仪式方面的事情,我还懂得;军队作战方面的事情,我没有学习过。"第二天,孔子便离开了卫国。

> **名师释疑**
>
> 俎(zǔ)豆之事:代指祭祀的各种仪式。"俎"和"豆"都是古代的器皿,祭祀时使用的礼器。
>
> **名师指津**
>
> 孔子主张以"礼"治国,反对武力战争。但是卫灵公崇尚战争,与孔子主张的思想相矛盾,所以孔子离开了卫国。

论语选译

15·2 在陈绝粮，从者病，莫能兴①。子路愠②见曰："君子亦有穷乎？"子曰："君子固穷，小人穷斯滥矣。"

【注释】

① 兴：起来，这里指行走。

② 愠（yùn）：恼怒，愤怒，怨恨。

【译文】

孔子在陈国断绝粮食，随从的人都饿得生病了，不能起来行走。子路生气地来见孔子说："君子也有穷困的时候吗？"孔子说："君子即便生活穷困，却依然能在这样的生活中坚持下去。不过，如果小人陷入穷困的境地，就会为非作歹了。"

15·3 子曰："赐也，女以予为多学而识之者与？"对曰："然，非与？"曰："非也，予一以贯之。"

【译文】

孔子说："子贡呀，你以为我是多多学习又能记得住吗？"子贡回答说："我是这样认为的，难道不是这样吗？"孔子答道："不是的，我是用一个根本的东西让它从头至尾，贯彻始终的。"

名师释疑

滥：这里是胡作非为的意思。

一以贯之：从头至尾，贯穿始终。

名师指津

孔子认为君子与小人在困境中的表现是截然不同的。君子能够坚守自己的道德操守，坚持真理，顽强生活。小人因为没有信念，必然会走上邪恶的道路。

名师指津

孔子认为学习必须坚持一个基本的观点、路线，以此作为原则，不懈的学习才能不断地获取知识。

15·4 子曰:"由,知德者鲜矣。"

【译文】

孔子说:"仲由呀,懂得德的人太少了。"

15·5 子曰:"无为而治①者,其舜也与②?夫③何为哉?恭己正南面④而已矣。"

【名师指津】

赞扬了以舜为代表的无为而治,但是当时的社会情况却并不适用,孔子依然推崇以"礼"治国。

【注释】

① 无为而治:指统治者不需要事事亲为,只需任用有才能的人管理国家就可以了。

② 与:语气词。

③ 夫(fú):他,这里代指舜。

④ 南面:古时候,以北为尊。地位最高的人的座位都是坐北朝南,面对南门而坐。

【译文】

孔子说:"能够不必事事亲为就可以治理国家的人,大概只有舜吧?他干了些什么呢?他只是面朝南,庄重严肃地坐在王位上罢了。"

15·6 子张问行①,子曰:"言忠信,行笃敬,虽蛮貊②之邦,行矣。言不忠信,行不笃敬,虽州里③,行乎哉?立则见

论语选译

名师释疑

衡：车辕前的横木。

书诸绅：即把警句、格言写在大带上。是儒家的一种闭门修养的方法，同写"座右铭"是一类东西。绅，贵族系在腰间的衣带。

名师指津

孔子认为，君子要实现自己的政治理想，必须做到以身作则、忠诚守信、敦厚恭敬，以此为准则，时刻严格要求自己，就会取得成功。

其参④于前也，在舆⑤则见其倚于衡也，夫然后行。"子张书诸绅。

【注释】

① 行：通达的意思。

② 蛮貊（mò）：这是古人对地处中原南方和北方少数民族的一种鄙夷的称呼。

③ 州里：五家为邻，五邻为里，二千五百家为州。在文中代指家乡。

④ 参：陈列，显现。

⑤ 舆：车

【译文】

子张问孔子，怎样做才可以让自己的主张无论在什么地方都得到推广和实施。孔子说："说话要诚实守信，做事要严肃恭敬。只要这样做，即便离开中原，到了少数民族聚居的偏远地区，也能事事通达。假如说话不讲信用，行为轻浮无礼，即便是在自己的乡，这样的言行能行得通吗？站着的时候，好像看到'忠信笃敬'这几个字就摆在自己的面前。坐车的时候，仿佛看到这几个字就显现在车辕前方的横木上。这样无论走到哪里，都可以实现自己的主张。"后来，子张把这些话记下来，写在自己腰间的宽带子上。

15·7 子曰:"直哉史鱼[1]！邦有道如矢，邦无道如矢[2]。君子哉蘧伯玉！邦有道则仕，邦无道则可卷而怀之[3]。"

名师指津

孔子对史鱼和蘧伯玉的正直表示赞扬。

【注释】

[1] 史鱼：卫国大夫，名鳅（qiū），字子鱼。他多次向卫灵公推荐蘧伯玉。

[2] 如矢：像箭一样，这里用来形容史鱼的正直。矢，箭。

[3] 卷而怀之：卷，同"捲"，收起。怀，藏。这里指不参与政治事务。

【译文】

孔子说："史鱼真是一个正直的人啊！国家政治清明时，他的言行像箭一样直；国家政治昏暗时，他的言行也像箭一样直。蘧伯玉真是一位君子啊！国家政治清明时就出来做官，国家政治黑暗时就辞退官职，把自己的主张保留在心里。"

15·8 子曰："可与言而不与之言，失人；不可与言而与之言，失言。知者不失人,亦不失言。"

名师释疑

知：同"智"。

【译文】

孔子说："可以同他谈话，却不同他谈，这就是失去了有用的人；不可以同他谈话却同他谈，就会说出不该说的话。聪明的人既不失去有用的人，也不会说不该说的话。

名师指津

仁人志士处生死关头而舍生取义是值得歌颂的。千百年来，无数志士仁人践行着这一伟大的信念。

名师指津

生命是宝贵的，比生命还宝贵的是"仁"。

名师释疑

利：使工具锋利。使动用法。

友：结交，与之为友。这里是名词作动词。

15·9 子曰："志士仁人，无求生以害仁，有杀身以成仁。"

【译文】

孔子说："有志向、有仁德的人，不会因为贪生怕死而去做损害仁德的坏事，只会以牺牲自己来保全仁德。"

15·10 子贡问为仁，子曰："工欲善其事，必先利其器。居是邦也，事其大夫之贤者，友其士之仁者。"

【译文】

子贡请教怎样实行仁德，孔子说："工匠想把活做好，必须先把工具弄好，使之非常锋利。想实行仁德，住在一个国家，就要侍奉大夫中有贤德的人，和士中有仁德的人交朋友。"

15·11 颜渊问为邦，子曰："行夏之时①，乘殷之辂②，服周之冕③，乐则《韶》《舞》，放④郑声⑤，远佞人。郑声淫，佞人殆。"

【注释】

① 夏之时：即夏代的历法。

② 殷之辂（lù）：即殷商时期的车。当时的车多是用木材制成的，风格较为朴实。辂，大车。

③ 周之冕：周朝贵族佩戴的帽子。

④ 放：禁绝、排斥的意思。

⑤ 郑声：郑国的民间音乐。

【译文】

颜渊问孔子怎样治理国家，孔子说："使用夏代的历法，乘殷代的车子，佩戴周代的礼帽，奏《韶》乐、《舞》乐，禁绝郑国的乐曲的流行，疏远能言善辩、花言巧语的人。郑国的乐曲不正派，花言巧语的谄媚小人太危险。"

名师指津

孔子认为统治者治理国家要吸收各国统治政策的长处，杜绝不足之处，任用贤能，远离小人。

15·12 子曰："人无远虑，必有近忧。"

【译文】

孔子说："人没有长远的考虑，一定会出现眼前的忧患。"

名师指津

人们无法预知未来的事情。所以要懂得为自己的未来做规划，做事情要提前考虑可能会遇到的困难，早做准备。

15·13 子曰："已矣乎，吾未见好德如好色者也。"

【译文】

孔子说："完了，我从来没有见过像好色那样好德的人。"

名师指津

孔子担心人们爱慕美色超过爱仁德，这样国家就会灭亡。

15·14 子曰："臧文仲其窃位①者与？知柳下惠②之贤，而不与立也。"

名师指津

批评了臧文仲不能举荐贤能之人。

【注释】

① 窃位：虽然担任有官职，但并不称职。

② 柳下惠：春秋中期鲁国大夫，姓展，名获，又名禽，私

论语选译

下的谥号是"惠"。因其封地的地名是柳下,所以,人们称他为柳下惠。

【译文】

孔子说:"臧文仲是一个身居官位但不称职的人!他很清楚柳下惠是个有贤德的人,却不举荐他入朝做官。"

15·15 子曰:"躬自厚而薄责于人,则远怨矣。"

【译文】

孔子说:"多责备自己,少责备别人,那就可以避免别人的怨恨了。"

15·16 子贡问曰:"有一言而可以终身行之者乎?"子曰:"其'恕'乎!己所不欲,勿施于人。"

【译文】

子贡问孔子:"有没有可以终生奉行的一句话呢?"孔子说:"那就是恕吧!自己不愿意干的事情,不喜欢的东西,也不要强加给别人。"

15·17 子曰:"吾之于人也,谁毁谁誉?如有所誉者,其有所试矣。斯民也,三代之所以直道而行也。"

名师指津
为人处事要站在别人的立场多为他人着想,与他人相处时如果产生矛盾,不要过多指责他人,要多做自我批评,这样才能保持良好的人际关系。

名师指津
孔子提出了"恕"的思想。

名师释疑
三代:指夏、商、周三个朝代。

【译文】

孔子说:"对于其他人,我诋毁过谁?赞美过谁?如有所赞美过的人,那是经过一定考验的。夏商周三代的老百姓就是这样做的,所以三代能够按照正道来行动。我因此而称颂他们。"

15·18 子曰:"吾犹及史①之阙文也。有马者借人乘之②,今亡矣夫。"

【名师释疑】
阙文:史官记载历史时遇到有疑问的地方便缺而不记,这叫作阙文。阙同"缺"。

【注释】

① 史:史官。

② 有马者借人乘之:即拥有马的人,因为不知道如何调教自己的马匹,便把马匹让别人骑去训练。

【译文】

孔子说:"我还能够看到史书中存疑而空缺的情况,这就如同有马的人自己不会调教,先交给别人训练使用。在当今社会,这种精神已经没有了。"

名师指津
孔子感慨现在的治学态度不够端正。

15·19 子曰:"巧言乱德。小不忍则乱大谋。"

名师指津
作为有志向、有理想的人,不应该斤斤计较个人得失。

【译文】

孔子说:"花言巧语会败坏人的德行。如果小事上不能忍耐,那么,就会坏了大事。"

名师指津

判断人的好恶，必须经过仔细观察、客观分析才能得出结论。

15·20 子曰："众恶之，必察焉；众好之，必察焉。"

【译文】

孔子说："众人都厌恶他，一定要考察一下；众人都喜欢他，也一定要考察一下。"

名师释疑

弘：扩充，光大。

15·21 子曰："人能弘道，非道弘人。"

【译文】

孔子说："人通过自己的才能可以使道发扬光大，不是道使人变得光大。"

名师指津

阐述了老百姓对于"仁"的需求的迫切。

15·22 子曰："民之于仁也，甚于水火，水火吾见蹈而死者矣，未见蹈仁而死者也。"

【译文】

孔子说："老百姓对于仁的需要，比对水火的需要更加迫切。我看见过人踏进水和火中而死的，却没有看见过实践仁德而死的。"

名师指津

做任何事情只要是符合"仁"的思想，就不必拘泥于人情，坚持按照"仁"的思想去做。

15·23 子曰："当仁不让于师。"

【译文】

孔子说："当做的事情合乎仁的原则的时候，就是对老师也不必谦让。"

15·24 子曰："君子贞而不谅。"

【译文】

孔子说："君子坚持正道，而不必拘泥于小信。"

15·25 子曰："事君，敬其事而后其食。"

【译文】

孔子说："侍奉君主，要认真办事，把领俸禄的事放在后面。"

15·26 子曰："有教无类。"

【译文】

孔子说："只要是来寻求知识的人，都能接受教育，不分穷富贵贱，没有任何的限制。"

15·27 子曰："道不同，不相为谋。"

【译文】

孔子说："走着不同道路的人，就不能在一起谋划共事。"

15·28 子曰："辞达而已矣。"

【译文】

孔子说："言语只要能明白地表达自己的意思就可以了。"

【名师释疑】

贞：言行抱一谓之贞。这里指符合周礼。贞，正。

类：这里指族类，即阶层，穷富贵贱各色人等。

辞：不注重文采的修饰，只求能明白地表达自己意思。

【名师指津】

追求的道义和各自的观点主张不同的人，无法在某些问题上互相切磋、彼此讨论，所以这样的人不能够成为事业上的合作伙伴。

论语选译

名师赏析

人与人相处难免会有各种矛盾和纠纷，那么为人处事应该多替别人思考，从他人的角度看待问题。所以一旦发生了矛盾，应该多做自我批评，而不能一味地指责别人，责己严，待人宽，这是保持良好和谐人际关系所不可缺少的原则。

学习借鉴

好词

胡作非为　为非作歹　一以贯之　能言善辩　事事亲为

忠信笃敬　卷而怀之　花言巧语　发扬光大　无为而治

好句

* 志士仁人，无求生以害仁，有杀身以成仁。

* 人无远虑，必有近忧。

* 己所不欲，勿施于人。

* 道不同，不相为谋。

思考与练习

1. 通过品读孔子的名言，你是否懂得什么是真正的君子？学会如何为人处世？

2. "人无远虑，必有近忧"，为什么我们要保持这种"忧虑"思想呢？

季氏篇

> **名师导读**
>
> 本篇主要谈论的问题包括孔子及其学生的政治活动、与人相处和结交时注意的原则、君子的三戒、三畏和九思等。涉及孔子的政治思想、教育思想、天命思想、道德修养思想，有十分积极的意义。哪些值得我们学习借鉴呢？一起去文中寻找吧。

16·1 季氏将伐颛臾①。冉有、季路见于孔子曰："季氏将有事于颛臾。"孔子曰："求！无乃②尔是过与？夫颛臾，昔者先王以为东蒙③主，且在邦域之中矣，是社稷④之臣也。何以伐为？"冉有曰："夫子⑤欲之，吾二臣者皆不欲也。"孔子曰："求！周任⑥有言曰：'陈力就列，不能者止。'危而不持，颠而不扶，则将焉用彼相⑦矣？且尔言过矣。虎兕⑧出于柙，龟玉毁于椟中，是谁之过与？"冉有曰："今夫颛臾，固而近于费。今不取，后世必为子孙忧。"孔子曰："求！君子疾夫舍曰欲之而必为之辞。丘也闻有国有家者，不患寡而患不均，不患贫而患不安。盖均无贫，和无寡，安无倾。夫如是，故远人不服，则修文德以来之。既来之，

名师指津

孔子明确指出了不应攻打颛臾的理由。体现了孔子反对进行武力征伐、以力服人的思想主张。

论语选译

则安之。今由与求也，相夫子，远人不服，而不能来也；邦分崩离析，而不能守也；而谋动干戈于邦内。吾恐季孙之忧，不在颛臾，而在萧墙之内也。"

【注释】

① 颛臾（zhuān yú）：鲁国的附属国，在今山东省费县西。

② 无乃：不就是。

③ 东蒙：地名，即蒙山，在今山东省蒙阴县南。

④ 社稷：国家。

⑤ 夫子：指季康子。

⑥ 周任：周代史官，以贤良闻名。

⑦ 相：搀扶盲人的人叫"相"，引申为助手。这里指冉求、仲由是季康子的助手。

⑧ 兕（sì）：雌犀牛。

【译文】

季氏将要讨伐颛臾。冉有、子路去拜见孔子，说："季氏准备征讨颛臾。"孔子说："冉求！这不就是你的过错吗？颛臾，从前周天子让它主持东蒙山的祭祀，而且已经在鲁国疆域之内了，是国家的臣属。为什么却要讨伐它呢？"冉有回答："季孙大夫想这样做，我们两个人都不愿意。"孔子说："冉求！周任曾经说过：'尽自己的力量去担负职务，实在做不好就辞职。'遇到危险而你不去扶助，跌倒了而你不去搀扶，那么又用助手干什么呢？而且你说的话错了。老虎、犀牛从笼子里跑

名师指津

孔子希望采用礼、义、仁、乐的方法解决国际、国内的问题，反对战争，反对以军事手段解决争端，表现了孔子的反战思想。

名师释疑

萧墙之内：指内部。萧墙，照壁、屏风。

名师指津

表达了孔子对季氏将伐颛臾的强烈不满，同时也是对作为家臣的冉有、子路未加劝阻，严重失职的极大反感。

季氏篇

出来，龟壳、玉器在匣子里坏掉了，这是谁的过错呢？"冉有说："现在，颛臾城墙坚固，而且离季孙氏的费邑很近。如果现在不占领过来，将来一定会成为子孙的忧患。"孔子说："冉求！君子痛恨那种不说自己有欲望，而一定要找借口来掩饰的人。我听说过，对于诸侯、大夫这样的统治者，应该担心的不是财富不多，而是分配不均，不是担心人口少，而是不<u>安分守己</u>。因为分配均匀，百姓便不会觉得贫穷；彼此和气，便不会感到人少；人人安分守己，就不会有危险。这样做了，远地的人还不归服，便提倡仁、义、礼、乐招致他们。对于已经来了的人，就让他们安心住下去。现在你仲由和冉求给季孙氏做助手，远地的人不归顺服从，而不能<u>招徕</u>他们；国家四分五裂，而不能保全；反而策划在国内使用武力。我只怕季孙氏的忧患不在颛臾，而在自己内部呢。"

《名师释疑》

安分守己：规矩老实，守本分，不做违法的事。

招徕：招揽。

16·2 孔子曰："天下有道，则礼乐征伐自天子出；天下无道，则礼乐征伐自诸侯出。自诸侯出，盖十世希不失①矣；自大夫出，五世希不失矣；陪臣执国命，三世希不失矣。天下有道，则政不在大夫。天下有道，则庶人不议。"

【注释】

① 失：这里是指丧命或是国家的灭亡。

【译文】

孔子说："政治清明时，礼乐制度的制定和用兵打仗都由天

名师指津

天下无道，君主就无实权，政权就掌握在大夫、陪臣手中，国家不会稳定，权力不会巩固，国家会一步一步走向灭亡。

名师指津

此话揭示了春秋战国时期政治权力下移的状况，孔子对此十分忧虑。

子决定。政治黑暗时，礼乐制度的制定和用兵打仗则由诸侯决定。如果由诸侯掌权，差不多传到十代很少有不丧失的。如果由卿大夫掌权，传到五代很少有不失势的。大夫的家臣操纵了国家的政令，传至三代很少有不失去的。天下政治清明，国家政权自然不会落在卿大夫手中。天下政治清明，百姓也就不会非议了。"

16·3 孔子曰："禄①之去公室五世②矣，政逮于大夫四世③矣，故夫三桓④之子孙微矣。"

【注释】

① 禄：爵位和俸禄。这里指政权。

② 五世：即五代，即鲁国宣公、成公、襄公、昭公、定公五代国君。

③ 四世：指季孙氏文子、武子、平子、桓子四代家主。

④ 三桓：季孙氏、叔孙氏、孟孙氏三家都是鲁桓公的后代，故称三桓。

【译文】

孔子说："鲁君失去国家政权已经有五代了，政权落在大夫季孙氏之手已经四代了，所以三桓的子孙也衰微了。"

名师指津
通过孔子的话讲述了鲁国政权的更迭。

16·4 孔子曰："益者三友①，损者三友。友直，友谅②，友多闻，益矣。友便辟，友善柔，友便佞，损矣。"

【注释】

① 友：结交朋友。这里是名词用作动词。

② 谅：守信用、诚实。

【译文】

孔子说："有益的朋友有三种，有害的朋友也有三种。同正直的人交朋友，同诚实的人交朋友，同见识广博的人交朋友，这是有益的。同惯于走邪道的人交朋友，同善于阿谀奉承的人交朋友，同惯于花言巧语的人交朋友，这是有害的。"

16·5 孔子曰："益者三乐，损者三乐。乐节礼乐①，乐道人之善，乐多贤友，益矣。乐骄乐②，乐佚③游，乐宴乐，损矣。"

【注释】

① 节礼乐（yuè）：即用礼乐制度节制自己的行为。

② 骄乐：自持尊贵，不知节制地骄纵自己。

③ 佚：同"逸"。安逸。

【译文】

孔子说："有益的喜好有三种，有害的喜好也有三种。喜好以礼乐制度节制自己的言行，喜好称赞别人的优点，喜好多交贤

名师释疑

便（pián）辟：表面上故作威严正经，实际上习惯走歪门邪道。便，习惯，熟悉。

善柔：善于阿谀奉承。

便（pián）佞：善以言辞取媚于人。

名师指津

孔子分别指出了三种益友和三种有害的朋友的区别，以及结交不同的朋友所产生的不同的影响。

名师指津

指出要用礼乐调节自己，多多夸奖别人的长处，多结交德才兼备的人。

德的朋友，这些做法是有益的。喜好骄纵，喜好安逸游乐，喜好宴饮取乐，这样的做法是有害的。"

16·6 孔子曰："侍于君子有三愆①：言未及之而言谓之躁，言及之而不言谓之隐，未见颜色而言谓之瞽。"

名师释疑
瞽（gǔ）：盲人。

老：这里指五十以上的人。

【注释】

①愆（qiān）：过失。

【译文】

孔子说："侍奉君子的时候容易犯三种错误：不该说话却先说，就是急躁；该说话了，你却闭口不说话，就是隐瞒；不看君子脸色而贸然说话，就是瞎子。"

名师指津
提出了君子三个需要警惕的问题。

16·7 孔子曰："君子有三戒：少之时，血气未定，戒之在色；及其壮也，血气方刚，戒之在斗；及其老也，血气既衰，戒之在得。"

【译文】

孔子说："君子有三件事情要警惕：年轻的时候，血气还不成熟，要警惕贪恋女色；到了壮年时期，血气正旺，要警惕争强好斗；到了五十岁老年时期，血气已经衰退，要警惕不要贪得无厌。"

16·8 子曰:"君子有三畏:畏天命,畏大人①,畏圣人之言。小人不知天命而不畏也,狎②大人,侮圣人之言。"

【注释】

① 大人:指地位尊贵的人,即统治者。

② 狎(xiá):这里指狎侮,不尊重。

【译文】

孔子说:"君子有三怕:敬畏天命,敬畏地位高贵的人,敬畏圣人的话。小人不懂得天命而不怕,轻视地位高贵的人,蔑视圣人的言论。"

名师指津

孔子指出了君子与小人的不同。

名师释疑

侮:这里是轻慢的意思。

16·9 孔子曰:"生而知之者,上也;学而知之者,次也;困而学之,又其次也;困而不学,民斯为下矣。"

【译文】

孔子说:"生来就有智慧的人,是上等人;经过学习然后获取知识的人,是次一等的;遇到困难然后学习的人,是再次一等的;遇到困难不学习的人,这样的是最下等人。"

名师指津

孔子对不同的人进行了分类。

论语选译

名师指津

孔子主张的"九思",在我们现在生活中也非常重要,不断地反省自己,提高个人修养,学会为人处事的方法。

16·10 孔子曰:"君子有九思:视思明,听思聪,色思温,貌思恭,言思忠,事思敬,疑思问,忿思难,见得思义。"

【译文】

孔子说:"君子有九件事要反省:看的时候,要反省自己是否看清楚了;听的时候,要反省自己是否听清楚了;对于自己的脸色,要反省是否温和;至于自己的态度,要反省是否恭敬;说话的时候,要反省是否忠实;做事的时候,要反省是否认真;有疑难的时候,要反省如何请教;发怒的时候,要反省是否有后患;取得财利时,要反省是否合于礼义。"

名师释疑

探汤:手伸到开水里。

首阳:首阳山,在山西运城市南。

16·11 孔子曰:"见善如不及,见不善如探汤;吾见其人矣,吾闻其语矣。隐居以求其志,行义以达其道;吾闻其语矣,未见其人也。"

【译文】

孔子说:"看见好的行为就怕自己赶不上,看见不好的行为就好像把手伸进开水里一样赶紧避开;我见到过这种人,也听到过这种话。以隐居来保全自己的志愿,以行义来贯彻自己的主张;我曾听到过这种话,但没有见到过这种人。"

16·12 齐景公有马千驷,死之日,民无德而称焉。伯夷、叔齐饿于首阳之下,民到于今称之。其斯之谓与?

【译文】

齐景公有四千匹马,但是,他死的时候,老百姓找不出他有什么美德值得称颂。伯夷、叔齐饿死在首阳山下,但是,直到今天,老百姓仍然还称颂他们。说的就是这个意思吧!

名师指津 对比了齐景公和伯夷、叔齐死后人们对他们的评价。

16·13 陈亢①问于伯鱼②曰:"子亦有异闻乎?"对曰:"未也。尝独立,鲤趋而过庭。曰:'学《诗》乎?'对曰:'未也。''不学《诗》,无以言。'鲤退而学《诗》。他日,又独立,鲤趋而过庭。曰:'学礼乎?'对曰:'未也。''不学礼,无以立。'鲤退而学礼。闻斯二者。"陈亢退而喜曰:"问一得三,闻《诗》,闻礼,又闻君子之远③其子也。"

名师指津 孔子不仅这样教导自己的儿子,也这样教导自己的弟子,表现出孔子在教育方面对于儿子和学生是平等对待的。

【注释】

① 陈亢:陈子禽。孔子的学生。

② 伯鱼:孔鲤,字伯鱼,孔子的儿子。

③ 远(yuàn):不偏爱,不偏向。

【译文】

陈亢问伯鱼:"您在老师那里听到过什么特别的教诲吗?"伯鱼回答说:"没有。有一天,他一个人站在那里,我从他面前快步经过庭院。他问我:'学过《诗》吗?'我回答:'没有。'他便说:'不学《诗》,在官场上就不会说话。'我回去就学《诗》。又一天,他又一个人站在那里,我从他面前快步经过庭院。他问我：'学过《礼》吗？'我回答：'没有。'他便说：'不学《礼》，就不能立身社会。'我回去就学《礼》。我只听说过这两点。"陈亢回去就高兴地说："我提一个问题，得到三点收获：了解到学《诗》的道理，了解到学《礼》的道理，又了解到君子不偏向自己的儿子。"

名师指津
不同的人对国君的夫人称呼不同的名号，符合周礼的规定。

16·14 邦君之妻，君称之曰夫人，夫人自称曰小童；邦人称之曰君夫人，称诸异邦曰寡小君；异邦人称之亦曰君夫人。

【译文】

国君的妻子，国君称她为"夫人"，夫人自称为"小童"；民众称呼她为"君夫人"，在其他国家的人面前便称呼她为"寡小君"；其他国家的人也称她为"君夫人"。

名师赏析

本篇反映出孔子的反战思想。他不主张通过军事手段解决国际、国内的问题，而希望采用礼、义、仁、乐的方式解决问题，这是孔子的一贯思想。此外，这一章里孔子还提出了"不患寡而患不均，不患贫而患不安"的思想。

学习借鉴

好词

安分守己　血气未定　阿谀奉承　分崩离析　萧墙之内

好句

*不患寡而患不均,不患贫而患不安。

*君子有三戒:少之时,血气未定,戒之在色;及其壮也,血气方刚,戒之在斗;及其老也,血气既衰,戒之在得。

*君子有三畏:畏天命,畏大人,畏圣人之言。

思考与练习

1.读完本篇有什么心得体会,试用300字描述出来。

2.如何理解"不患寡而患不均,不患贫而患不安"这句话的意思?

阳货篇

> **名师导读**
>
> 这一篇中，介绍了孔子的道德教育思想，孔子对仁的进一步解释，还有关于为父母守丧三年问题，也谈到君子与小人的区别，等等。

◆名师释疑◆

阳货：又名阳虎，是季氏家臣。一度掌握了季氏的大权，而且掌握了鲁国的大权。

豚（tún）：小猪。这里指蒸熟的小猪。

知：同"智"，智慧。

与：在一起，即等待的意思。

17·1 阳货欲见孔子，孔子不见，归①孔子豚。孔子时其亡也，而往拜之。遇诸涂②。谓孔子曰："来！予与尔言。"曰："怀其宝而迷其邦③，可谓仁乎？"曰："不可。""好从事而亟④失时，可谓知乎？"曰："不可。""日月逝矣，岁不我与。"孔子曰："诺，吾将仕矣。"

【注释】

① 归：同"馈"，赠送。

② 涂：同"途"，道路。

③ 迷其邦：听任国家迷乱。

④ 亟（qì）：屡次，数次。

【译文】

　　阳货想让孔子去见他，孔子始终不去见他。阳货便趁孔子不在家的时候，送给孔子一只蒸熟的小猪，想让孔子回头去拜访他。孔子打听到他不在家，才去回拜他。没想到，两人在半路上碰见了。阳货叫住孔子说："来！我有话跟你说。"孔子走过去，阳货说："把自己的本领藏起来而听任国家迷乱，这可以叫作仁吗？"孔子回答说："不可以。"阳货又说："喜欢参与政事而又屡次错过机会，可以叫作聪明吗？"孔子答道："不可以。"阳货接着说："时间一天天过去了，年岁是不等人的。"孔子说："好吧，我将要去做官了。"

> **名师指津**
> 孔子认为阳货不符合道义，不愿意为他服务，所以采取了回避的态度，并最终也没有出仕辅佐阳货。

17·2　子曰："性相近也，习相远也。"

【译文】

　　孔子说："人的本性是相近的，由于习惯和影响的不同才相差很大了。"

> **名师指津**
> 孔子指出社会环境和物欲在人成长过程中对性格、观念的影响。

17·3　子曰："唯<u>上知与下愚</u>不移。"

【译文】

　　孔子说："上等的有智慧的人和下等的愚蠢的人是改变不了的。"

> **名师释疑**
> 上知与下愚："上知"是指上等聪明的人，"下愚"是下等愚笨的人。这两类人的智力是先天决定的，后天难以改变。

论语选译

名师指津
孔子阐述"仁"的含义。

17·4 子张问仁于孔子。孔子曰:"能行五者于天下,为仁矣。""请问之。"曰:"恭、宽、信、敏、惠。恭则不侮,宽则得众,信则人任焉,敏则有功,惠则足以使人。"

【译文】

子张向孔子问仁。孔子说:"做事时能处处践行五种品德,便是仁了。"子张问:"请问是哪五种?"孔子回答说:"庄重、宽厚、守信、勤快、恩惠。接人待物庄重就不会受到侮辱,为人宽厚就能得到众人的拥护,言行诚实守信用就能得到别人的任用,做事勤快就能取得成效,对民众施舍恩惠就能使唤人。"

名师释疑
佛肸(bì xī):人名。晋国大夫范氏家臣,中牟城的地方官。

名师指津
孔子认为,自己的使命就是推行周礼,即使政治腐败,也要去进行教化,并且表明了自己坚定不移的决心与志向,不会同流合污的高尚气节。

17·5 佛肸召,子欲往。子路曰:"昔者由也闻诸夫子曰:'亲于其身为不善者,君子不入也。'佛肸以中牟畔①,子之往也,如之何?"子曰:"然,有是言也。不曰坚乎,磨而不磷②;不曰白乎,涅③而不缁④。吾岂匏瓜⑤也哉?焉能系而不食?"

【注释】

① 畔:通"叛"。

② 磷(lìn):本义指薄石,这里指把石头磨薄。

③ 涅(niè):一种矿物质,可以用作染衣服颜料。这里作动词用,染的意思。

④ 缁(zī):黑。

⑤匏（páo）瓜：葫芦的一种，味苦，不能吃。

【译文】

佛肸叫孔子去中牟，孔子想去。子路说："我从前听老师说过：'亲身做坏事的人那里，君子是不到他那里去的。'佛肸在中牟叛乱，你却要去，这是怎么回事？"孔子说："对，我说过这话。但是不是有一种说法，坚硬的东西，磨也磨不薄吗？洁白的东西，染也染不黑吗？我难道是个葫芦吗？怎能光挂着而不给人吃呢？"

17·6 子曰："由也，女闻六言六蔽矣乎？"对曰："未也。""居①！吾语女。好仁不好学，其蔽也愚；好知不好学，其蔽也荡；好信不好学，其蔽也贼②；好直不好学，其蔽也绞；好勇不好学，其蔽也乱；好刚不好学，其蔽也狂。"

【注释】

①居：坐。
②贼：被伤害。

【译文】

孔子说："仲由，你听说过六种德行和六种弊病吗？"子路回答："没有。"孔子说："坐下！我告诉你。爱好仁德却不爱学习，它的弊病是愚蠢；爱好聪明却不爱学习，它的弊病是放荡；爱好

名师指津
孔子从六个方面讲述不学习的危害性，强调学习对人的教化作用。

诚实却不爱学习，它的弊病是容易被伤害；爱好直率却不爱学习，它的弊病是说话尖刻；爱好勇敢却不爱学习，它的弊病是犯上作乱；爱好刚强却不爱学习，它的弊病是狂妄。"

17·7　子曰："小子何莫学夫《诗》？《诗》，可以兴①，可以观②，可以群，可以怨；迩③之事父，远之事君；多识于鸟兽草木之名。"

名师释疑

怨：在这里可解释为"讽谏上级"。

正墙面而立：这里是暗指无法向前行进，寸步难移。

【注释】

①兴：激发人的情感。

②观：即观察天地万物和人间万象。

③迩（ěr）：近。

【译文】

孔子说："学生们为什么不学《诗》呢？读《诗》可以激发志气，可以提高观察能力，可以培养合群的本领，还可以抒发怨恨的感情；近可以侍奉父母，远可以侍奉君主；还可以多知道一些鸟兽草木的名字。"

名师指津

孔子强调学习《诗经》的重要性。

17·8　子谓伯鱼曰："女为《周南》《召南》①矣乎？人而不为②《周南》《召南》，其犹正墙面而立也与！"

【注释】

①《周南》《召（shào）南》：《诗经·国风》中的第一、

二两部分篇名。周南和召南都是当时的地名。《周南》和《召南》是这两个地区的民歌。

② 为：这里是学习研究的意思。

【译文】

孔子对伯鱼说："你学了《周南》《召南》没有？人如果不学习《周南》《召南》，就会像面对墙壁站着那样无法行走！"

> **名师指津**
> 《周南》《召南》这两篇中有许多修身、齐家的道理，所以孔子重视并提倡学习这两个名篇。

17·9 子曰："礼云礼云，玉帛云乎哉？乐云乐云，钟鼓云乎哉？"

【译文】

孔子说："礼呀，礼呀，难道只是玉帛之类的祭祀用品吗？乐呀，乐呀，难道只是钟鼓之类的乐器吗？"

> **名师指津**
> 孔子认为只在形式上摆玉帛、敲鼓钟，而没有教化老百姓明白祭祀的真正含义。只讲形式，忽略了礼乐的本质含义，就失去了礼乐本来的面目。

17·10 子曰："色厉①而内荏②，譬诸小人，其犹穿窬之盗也与！"

【注释】

① 色厉：外表严厉威严。

② 内荏（rěn）：内心柔弱。荏，虚弱。

> **名师释疑**
> 穿窬（yú）：穿，挖。窬，洞。

论语选译

【译文】

孔子说:"外表严厉而内心虚弱的人,拿小人做比喻,就像是挖洞穿墙的小偷吧!"

17·11 子曰:"乡愿,德之贼①也。"

【注释】

① 德之贼:即破坏道德的人,道德的败坏者。

【译文】

孔子说:"一味迎合众人,不分是非的老好人,其实就是败坏道德的人。"

17·12 子曰:"道听而途说,德之弃也。"

【译文】

孔子说:"在路上听到传言,便沿途四处传播,这是背弃道德的行为。"

17·13 子曰:"鄙夫可与事君也与哉?其未得之也,患得之;既得之,患失之。苟患失之,无所不至矣。"

【译文】

孔子说:"对于那些鄙俗、没有道德的人,怎么可以和他们一同侍奉君主呢?他在没有得到官位时,总担心得不到;已经得

名师指津

乡愿指乡里都称道的老实人,老好人。孔子这里指当时社会上那种不分是非,处处讨好,不得罪别人的所谓老好人,他们抹杀了是非,混淆了善恶,不主持正义,不抵制坏人坏事,成为危害道德的人。

名师指津

道听途说是一种背离道德准则的行为。在现实社会中,有些人四处打听别人的隐私,到处传播,把这种行为作为生活的乐趣,是卑鄙小人的做法。

名师指津

根据上下文的意思,这里应当写作"患不得之",可能是古人在传抄的过程中遗失了中间的"不"字。

到了官位，又担心失去。一个人假如担心失掉官位，他可能什么坏事都干得出来。"

17·14 子曰："古者民有三疾，今也或是之亡也。古之狂也肆①，今之狂也荡；古之矜②也廉③，今之矜也忿戾；古之愚也直，今之愚也诈而已矣。"

❰名师释疑❱

忿戾（fèn lì）：凶恶，蛮横无理。

【注释】

① 肆：肆意直言。

② 矜（jīn）：骄傲，自高自大的人。

③ 廉：清廉、自洁。

【译文】

孔子说："古代的老百姓有三种毛病，现在恐怕连这三种毛病也不是原来那样了。古代狂人肆意直言，现在的狂人却是放荡不守礼；古代那些骄傲的人清廉、自洁，现在那些骄傲的人却是凶恶蛮横；古代那些愚笨的人直率坦荡，现在那些愚笨的人却是一味地欺诈。"

17·15 子曰："巧言令色，鲜矣仁。"

【译文】

孔子说："花言巧语，一副和善的脸色，这种人是缺少仁德之心的。"

名师指津

孔子所代表的儒家学派注重人的实际行动，强调人应该言行一致，反对心口不一。这一观点也是中华民族传统文化思想中的精华。

论语选译

名师释疑

雅乐：周朝的正统音乐。雅，这里是正统的意思。

义以为上：把义作为最高尚的品德。义以，是"以义"的倒装。上，即最高尚的品德。

17·16 子曰："恶紫之夺朱也，恶郑声之乱雅乐也，恶利口之覆邦家者。"

【译文】

孔子说："我厌恶用紫色取代大红色，厌恶用郑国的音乐搅乱周王朝正统的雅乐，厌恶用伶牙俐齿、花言巧语颠覆国家的人。"

名师指津

在历史的发展中，有时邪恶会占上风，小人得势，这是君子所厌恶的。

17·17 子曰："予欲无言。"子贡曰："子如不言，则小子何述焉？"子曰："天何言哉？四时行焉，百物生焉。天何言哉？"

【译文】

孔子说："我不想说话了。"子贡说："您如果不说话，那么我们这些学生还向世人传述什么呢？"孔子说："上天何尝说话呢？但春夏秋冬四季照样运行，世间万物照样生长。上天何尝说话呢？"

名师指津

此段体现了孔子的"无言之教"，突破了传统观念，由自然运行规律悟出人生道理。

17·18 子路曰："君子尚勇乎？"子曰："君子义以为上。君子有勇而无义为乱，小人有勇而无义为盗。"

【译文】

子路说："君子推崇勇敢吗？"孔子答道："君子认为义是最高尚的品德。君子有勇无义，便会犯上作乱，如果小人有勇无义，那么便会做出偷盗的事情。"

名师指津

无论君子还是小人，只要没有道义和德行，都会危害社会。

阳货篇

17·19 子曰:"唯女子与小人为难养也,近之则不逊,远之则怨。"

【译文】

孔子说:"只有妇女和小人是很难相处的,亲近了就会无礼,疏远了就会招来怨恨。"

17·20 子曰:"年四十而见恶焉,其终也已。"

【译文】

孔子说:"一个人到了四十岁还被人厌恶,他这辈子也就算完了。"

名师指津

人应该四十而无惑。孔子认为人到四十以后,身体精力会受限制,如果之前未做出成绩,以后想再做就会很难。

名师赏析

孔子生活的春秋时代确实是一个君不君、臣不臣的时代,社会的许多矛盾与混乱更多的是由于处在上位的所谓"君子"不能修身、崇德,不能适应社会的进步所导致。孔子反对乱臣贼子,反对违礼乱政,主要是从维护社会稳定出发,主张社会矛盾的解决要在礼的框架下进行。正因为社会上存在种种不良德行与错误的认识,所以一方面,君子要加强自身的道德修养,培养正确的人生观与世界观;另一方面,君子要担负起教育民众与教化社会的重任。

论语选译

学习借鉴

好词

岁不我与　色厉而内荏　道听而途说　巧言令色　无所不至

好句

*性相近也,习相远也。

*唯上知与下愚不移。

*君子有勇而无义为乱,小人有勇而无义为盗。

思考与练习

1. 孔子说的"道听而途说,德之弃也"这句话是想要告诫我们什么？

2. 结合生活实际,谈谈你对"性相近也,习相远也"这句话的理解。

微子篇

名师导读

《微子篇》以讲述孔子处世态度为主。通过与各种隐士、仁者的思想对比，将孔子的处世态度展现在我们面前。内容包括孔子的政治思想主张、孔子弟子与老农谈孔子、孔子关于塑造独立人格的思想等，让我们一起去学习吧。

18·1 微子去之，箕子为之奴，比干谏[1]而死。孔子曰："殷有三仁焉！"

【注释】

① 谏：劝说，规劝。

【译文】

纣王残暴无道不听规劝，微子离开了他，箕子被降为奴隶，比干被剖心而死。孔子说："这是殷朝时期的三位仁人呀！"

名师指津

比干是殷纣王的叔父，中国古代著名的忠臣。他屡次强谏纣王，被纣王杀死。

论语选译

名师释疑

三黜(chù)：多次被罢免。三，泛指多次。黜，罢免官职，不再任用。

父母之邦：代指祖国。

犹可追：还来得及的意思。

名师指津

柳下惠被孟子称为"圣之和者也"，宁可弃官，也不改变自己的操守。

名师指津

鲁国君臣沉迷于女色，不理朝政，国家日益衰落，孔子对鲁国深感失望，于是离开了鲁国。

18·2 柳下惠为士师①，三黜。人曰："子未可以去乎？"曰："直道而事人，焉往而不三黜？枉道而事人，何必去父母之邦？"

【注释】

① 士师：典狱官，掌管刑狱的官员。

【译文】

柳下惠当典狱官，多次被罢官。有人说："你不可以离开这里吗？"他说："如果按照正道侍奉君主，到哪里不会被多次罢官呢？如果不按正道侍奉君主，为什么一定要离开本国呢？"

18·3 齐人归女乐，季桓子受之，三日不朝，孔子行。

【译文】

齐国赠送给鲁国一些歌姬舞女，季桓子接受了。而后，连续三天没有上朝听政。于是，孔子便离开了。

18·4 楚狂接舆①歌而过孔子曰："凤②兮！凤兮！何德之衰？往者不可谏，来者犹可追。已而，已而，今之从政者殆而。"孔子下，欲与之言。趋而避之，不得与之言。

【注释】

① 楚狂接舆：楚国一个姓接名舆的狂人。

②凤：凤凰，比喻孔子。孔子弟子把孔子比作凤凰，接舆在这里借用这种吹捧的话，来讽刺孔子。

【译文】

楚国一个名叫接舆的狂人，从孔子的马车旁边走过。他边走边唱道："凤凰啊，凤凰啊，为什么这世上的德行这么衰微呢？过去的已经无法挽回，将来的还来得及进行改正。算啦，算啦。当今从政做官的人，都没有什么德行，无可救药，实在太危险了！"孔子停车，走下来，想和他交谈一下。他却急忙躲避，走开了，孔子没能和他交谈。

18·5 子路从而后，遇丈人，以杖荷蓧①。子路问曰："子见夫子乎？"丈人曰："四体不勤，五谷不分，孰为夫子？"植其杖而芸。子路拱而立。止子路宿，杀鸡为黍而食②之，见其二子焉。明日，子路行以告。子曰："隐者也。"使子路反见之，至则行矣。子路曰："不仕无义。长幼之节不可废也，君臣之义如之何其废之？欲洁其身而乱大伦。君子之仕也，行其义也。道之不行，已知之矣。"

名师指津

指脱离生产劳动，缺乏生产知识。四体，指人的两手两足；五谷，通常指稻、黍、稷、麦、菽。

【注释】

①蓧（diào）：古代的锄草工具。

②食（sì）：拿东西给人吃。

论语选译

【译文】

　　子路跟随孔子出游，却落在后面，碰到一位老人，用手杖挑着除草用的工具。子路问老人："老人家，你看到过我的老师吗？"老人回答说："四肢不劳动，五谷分不清，谁知道哪个是你的老师？"说完，把手杖插在地上，接着去除草了。子路则拱手行礼，然后恭恭敬敬地站在一旁。老人留子路到自己家中住宿。老人杀了鸡，做了小米饭给子路吃，还把自己的两个儿子叫出来，介绍给子路认识。第二天，子路追上了孔子，便把这件事告诉了孔子。孔子说："真是个隐士啊。"便让子路返回去再看看那位老者。等子路回到那里时，老人已经出门不在了。子路说："不出仕做官不符合道义。长幼之间的礼节不能废弃，那么君臣之间的关系又怎能废弃呢？如果想保持自身的平白，则破坏扰乱了最重要的君臣之间的伦理关系。君子出仕做官，本来只是为了实践君臣之间的道义啊。至于我们所主张的政治理念无法推行，这是早就知道的事了。"

名师指津
虞仲、夷逸、朱张、少连身世不详。

名师指津
儒家学说也提倡万物自然法，一切都不必刻意为之，自然会发生。

18·6　逸民①：伯夷、叔齐、虞仲、夷逸、朱张、柳下惠、少连。子曰："不降其志，不辱其身，伯夷、叔齐与！"谓："柳下惠、少连，降志辱身矣，言中伦，行中虑，其斯而已矣。"谓："虞仲、夷逸，隐居放言，身中清，废中权。我则异于是，无可无不可。"

174

【注释】

① 逸民：指遁世隐居之人。

【译文】

隐退的贤人有：伯夷、叔齐、虞仲、夷逸、朱张、柳下惠、少连。孔子说："不降低自己的意志，不屈辱自己的身份，这就是伯夷、叔齐吧！"又说："柳下惠、少连，被迫降低自己的意志，屈辱自己的身份，但说话合乎伦理，行为经过思虑，他们就是这样的。"又说："虞仲、夷逸，过着隐居生活，说话很随便，能保持自身清白，离开官位合乎权宜。我却和这些人不同，没有什么可以，也没有什么不可以。"

18·7 大师挚①适齐，亚饭干②适楚，三饭缭适蔡，四饭缺适秦，鼓方叔③入于河，播鼗武④入于汉，少师阳⑤、<u>击磬襄</u>入于海。

◀名师释疑◀

击磬襄：击磬的乐师，名襄。

【注释】

① 大（tài）师挚：鲁乐官之长，名挚。大师，古乐官名。

② 亚饭干：乐师。下文"三饭缭""四饭缺"也都是乐师。周朝旧制度规定天子和诸侯吃饭时要奏乐。第二次吃饭时奏乐的乐师名干。第三次吃饭时奏乐的乐师名缭。第四次吃饭时奏乐的乐师名缺。

③ 鼓方叔：击鼓的乐师，名方叔。

④播鼗（táo）武：摇两旁系小槌的小鼓的乐师，名武。鼗，一种有柄的小鼓，类似今天的拨浪鼓。

⑤少师阳：副乐师，名阳。

【译文】

大师挚到齐国去了，二饭乐师干到楚国去了，三饭乐师缭到蔡国去了，四饭乐师缺到秦国去了，打鼓的方叔到黄河地区去了，摇小鼓的武到汉水地区去了，少师阳和击磬的襄到海滨去了。

名师指津

表现鲁国礼乐制度遭到了破坏，鲁国的乐师纷纷离开的情景。

名师释疑

施：同"弛"，放松，引申为怠慢、疏远的意思。

八士：这八个人生平都不详。

18·8 周公谓鲁公曰："君子不施其亲，不使大臣怨乎不以，故旧无大故，则不弃也。无求备于一人。"

【译文】

周公对鲁公说："君子不怠慢自己的亲族，不让大臣怨恨你不任用他们。老臣没有大过失，就不要抛弃他们。不要对一个人求全责备。"

18·9 周有八士：伯达、伯适、仲突、仲忽、叔夜、叔夏、季随、季骐。

【译文】

周朝有八个出名的士：伯达、伯适（kuò）、仲突、仲忽、叔夜、叔夏、季随、季骐（guā）。

名师赏析

仕与耕只是社会分工的不同而已,不存在错或对的问题。不一定"学而优则仕","不仕"不能说成不义,"四体不勤,五谷不分"也不能说成不对。"仕"或"耕"是天性赋予的不可替代的定位;像在舞台上演戏,是什么料就演什么戏,学问只是参考条件之一,不能按学问为人生定位。

学习借鉴

好词

父母之邦　四体不勤　五谷不分　趋而避之　欲洁其身

好句

* 四体不勤,五谷不分。
* 往者不可谏,来者犹可追。

思考与练习

1. 读《论语·微子》的感受是什么?
2. 如何理解"四体不勤,五谷不分"这句话?

子张篇

名师导读

《子张篇》阐述了孔子学而不厌、不耻下问的学习精神，以及学与仕之间的关系。同时还收录了孔子与其学生和他人之间的对话。都有哪些精彩言论呢？让我们去学习这一章节感受吧。

名师指津
提出了"见危致命，见得思义"的主张。

19·1　子张曰："士①见危致命②，见得思义，祭思敬，丧思哀，其可已矣。"

【注释】

① 士：这里应当理解为读书人。

② 致命：舍弃生命。

【译文】

名师指津
这是君子所为，也是孔子思想的精华点。

子张说："读书人遇见国家危难的时候能献出自己的生命，看到有利可图时，能反省获取利益的方法是否合乎义的标准。祭祀时，能反省自己的态度是否严肃恭敬，服丧时，能反省自己是否悲哀。能做到这些就可以了。"

19·2 子张曰:"执德不弘①,信道不笃②,焉能为有?焉能为亡?"

【注释】

① 弘:推广弘扬,发扬光大。

② 笃:坚定。

名师指津

学习并通晓了各种礼仪,但是却不能推行,弘扬真理,失去了他为人的作用,这样的人是无足轻重。

【译文】

子张说:"遵守道德,而不能发扬光大;信仰真理,而不能坚定不移。这样的人,他有道德呢?还是没有道德呢?"

19·3 子夏之门人问交①于子张。子张曰:"子夏云何②?"对曰:"子夏曰:'可者与③之,其不可者拒之。'"子张曰:"异乎吾所闻:君子尊贤而容众,嘉善而矜不能。我之大贤与,于人何所不容?我之不贤与,人将拒我,如之何其拒人也?"

名师释疑

容众:接纳众人,容纳众人。

矜(jīn):怜惜,同情。

【注释】

① 交:结交,相与,交往。

② 云何:说什么,怎么说。

③ 与:相交。

【译文】

子夏的学生请教子张怎么结交朋友。子张道:"子夏怎么说?"

179

论语选译

学生回答说:"子夏说:'可结交的就同他交朋友,不可结交的就拒绝和他做朋友。'"子张说:"这和我知道的不同:君子既尊敬贤德的人,又能容纳普通人;能够赞美善人,又能同情能力不够的人。我如果是十分贤明的,对于别人有什么不能容纳的呢?我如果不贤明,人家就会拒绝和我做朋友了,我又怎么能拒绝别人呢?"

名师指津 提出了不要拘泥"小道"的观点。

19·4 子夏曰:"虽小道,必有可观者焉,致远恐泥[a],是以君子不为也。"

【注释】

①泥(nì):阻滞,胶滞。

名师指津 子夏所指的小的技能,是古代农、圃、医、卜、乐、百工之类,是相对于大道而言的。

【译文】

子夏说:"虽然是小的技能,也一定有些可取的地方,但它对于实现远大目标恐怕是有妨碍的,所以君子就不去学习这些技能了。"

名师释疑 所能:与上文的"所亡"相对,即自己已经知道并掌握的东西。

19·5 子夏曰:"日知其所亡,月无忘其所能,可谓好学也已矣。"

【译文】

子夏说:"每天学到一些过去不知道的东西,每月不忘记自己已经学会的东西,这就可以叫作好学了。"

子张篇

19·6 子夏曰："博学而笃志，切问①而近思②，仁在其中矣。"

名师指津

本章提出了学习要日积月累的观点。

【注释】

① 切问：多问自己还未完全领悟的知识。

② 近思：思考自己身边没能做到的事情，从自身联系实际，以此类推地想问题。

【译文】

子夏说："广泛地学习，而且能坚定自己的志向，多询问自己还没领悟的知识，并且联系自己的问题，从自身实际情况进行反省，思考自己身边没能做到的事情，以此类推地想问题。仁就在这里面了。"

19·7 子夏曰："百工居肆以成其事，君子学以致其道。"

名师释疑

百工：指各行各业的工匠。

肆：古代社会专门用来制作物品的作坊。

致：这里是掌握、获得的意思。

【译文】

子夏说："各行各业的工匠在自己的作坊制造各种东西，完成自己的工作。君子则通过学习来掌握真理。"

19·8 子夏曰："小人之过也必文。"

文：掩饰，修饰。

【译文】

子夏说："小人犯了错误必定会加以掩饰。"

论语选译

名师释疑
厉：言辞准确，一丝不苟。

19·9 子夏曰："君子有三变：望之俨然①，即②之也温③，听其言也厉。"

【注释】

① 俨然：神色样貌庄重。

② 即：接近。

③ 温：神色温和的样子。

【译文】

子夏说："君子的态度有三种变化：远看他的样子，庄严可畏；接近他的时候，温和可亲；听他说话时，严厉不苟。"

名师指津
本章阐述了君子为人处事的不同态度。

19·10 子夏曰："君子信而后劳其民；未信，则以为厉①己也。信而后谏；未信，则以为谤己也。"

名师指津
指出了管理百姓侍奉君主的前提是信任。

【注释】

① 厉：虐待，折磨。

【译文】

子夏说："君子要先取得老百姓的信任，而后再去役使他们。如果还没有取得百姓的信任，便指示他们做事，老百姓就会以为是虐待他们。对于君主，要先取得君主的信任，而后再去规劝；否则，君主就会以为是诽谤他。"

子张篇

19·11 子夏曰:"大德①不逾②闲,小德出入可也。"

【注释】

① 大德:"大德"和下文中的"小德"指的是大节、小节。

② 逾:逾越,超越。

【译文】

子夏说:"人在大节上绝对不要超过界限,在生活中的小节上有些出入是可以的。"

≪名师释疑≫

闲:本义是木栏,这里引申为法律、界限。

细枝末节:细小的树枝,微末的环节。比喻事情或问题的细小而无关紧要的部分。

19·12 子游曰:"子夏之门人小子,当洒扫应对进退,则可矣,抑①末也。本之则无,如之何?"子夏闻之,曰:"噫!言游②过矣!君子之道,孰先传焉,孰后倦焉,譬诸草木,区以别矣。君子之道,焉可诬也?有始有卒者,其惟圣人乎!"

【注释】

① 抑:但是,不过,表示转折。

② 言游:即子游。

【译文】

子游说:"子夏的学生,做些打扫和迎送客人的事是可以的,不过这只是细枝末节的小事。'礼乐'之类根本的东西却没有学到,怎么可以做大事呢?"子夏听了,说:"咳!子游错了!君子之

名师指津

子游和子夏在教育学生的问题上发生了争执,不过这其中没有根本的不同,只是方法不同而已。

183

道哪一条先传授,哪一条后传授,这就像草和木一样,是有区别的。君子之道怎么可以随意歪曲呢?能够按照次序有始有终地教授学生的,恐怕只有圣人吧!"

19·13 子夏曰:"仕而优则学,学而优则仕。"

【译文】

子夏说:"做官做得好的人就应该学习,学习好的人就可以做官。"

名师指津
子夏的这段话集中概括了孔子的教育方针和办学目的。

19·14 子游曰:"丧致乎哀而止。"

【译文】

子游说:"对父母的丧事,只要做到充分表达自己的哀伤就行了。"

名师释疑
致:这里是极致的意思。

19·15 子游曰:"吾友张也为难能也,然而未仁。"

【译文】

子游说:"我的朋友子张可以说是很难得的了,然而还没有达到仁。"

子张篇

19·16 曾子曰："<u>堂堂</u>乎张也，难与并为仁矣。"

【译文】

曾子说："子张仪表堂堂，容貌伟岸，只是很难和他一起达到仁的标准。"

19·17 曾子曰："吾闻诸夫子，人未有自致①者也，必也②<u>亲丧</u>乎！"

【注释】

① 自致：即极尽全力表达自己的情感。致，尽其极。

② 必也：表示一种假设。必，果真，假使。

【译文】

曾子说："我曾听先生说过，平日里，人们并没有充分地表达自己内心的情感，如果有这种情况，那必定是在自己父母去世的时候。"

19·18 曾子曰："吾闻诸夫子，<u>孟庄子</u>之孝也，其他可能也，其不改父之臣与父之政，是难能也。"

【译文】

曾子说："我听老师说过，孟庄子是一个非常尊崇孝道的人。他所表现的孝道，一般的礼仪别人也都可以做到，而他在父亲死

> **名师释疑**
>
> 堂堂：外表很有派头的样子。
>
> 亲丧：里是指父母去世。
>
> 孟庄子：即孟孙速，他是孟献子的儿子，鲁国大夫。
>
> **名师指津**
>
> 讲述了人们对父母之丧哀痛之情到了极致。

后，不更换父亲的旧臣及其政治措施，那是别人难以做到的。"

名师指津
讲述了曾子对阳肤为官执政的劝诫。

19·19 孟氏①使阳肤②为士师。问于曾子，曾子曰："上失其道，民散久矣。如得其情，则哀矜③而勿喜！"

【注释】

① 孟氏：指的是鲁国的孟孙氏。

② 阳肤：曾子的学生。

③ 哀矜：怜悯、同情。

【译文】

孟孙氏任命阳肤担任典狱官的职务。阳肤向曾子请教，曾子说："上位的人不按正道行事，民心涣散已经很久了。你若弄清楚他们的情况，就应怜悯他们，而不要千万沾沾自喜！"

名师释疑
纣：即帝辛，商王朝最后一位君主，昏庸残暴。"纣"是他的谥号。

19·20 子贡曰："纣之不善，不如是之甚也。是以君子恶居下流，天下之恶皆归焉。"

【译文】

子贡说："商纣王的昏庸无道，不像传说的那么严重。所以君子厌恶身居低处的处境，一旦有了劣迹，天下的一切坏事都会加在你的身上。"

名师赏析

"士"在古代社会政治生活中占有十分重要的作用和地位,《子张篇》主要的话题都是围绕着"士"的责任、使命与德行而展开。子张认为做一名合格的"士",达到"士"的人格标准,要具有忠、义、敬、孝四种美德。做到这四点,就可以称得起是一个知识分子。这些主张,其实是对孔子思想的发挥。

学习借鉴

好词

日积月累　有利可图　严肃恭敬　细枝末节　沾沾自喜

仪表堂堂　容貌伟岸　民心涣散

好句

*见危致命,见得思义。

*仕而优则学,学而优则仕。

思考与练习

1. 谈谈你对"见危致命,见得思义"的理解。

2. 联系生活实际谈谈自己对《子张篇》中两个句子的理解。

尧曰篇

名师导读

《尧曰篇》是《论语》的最后一篇，也是其中心思想所在。孔子生活在礼崩乐坏的春秋时期，其理想是恢复西周的礼制，回复到尧舜时代。可见孔子对尧舜十分推崇。想知道孔子赞美尧舜哪些方面吗？让我们阅读全篇寻找答案吧。

名师指津

本篇是《论语》的结尾，其文风、内容与之前的篇章完全不同，是上古时期的历史资料，即贤明君主的语录。同时也是孔子对"礼"的一个大致总结。

20·1 尧曰："咨①！尔舜！天之历数②在尔躬，允③执④其中。四海困穷，天禄永终。"舜亦以命禹。

曰："予⑤小子履⑥敢用玄牡⑦，敢昭告于皇皇⑧后帝：有罪不敢赦。帝臣不蔽，简在帝心。朕⑨躬有罪，无以万方；万方有罪，罪在朕躬。"

周有大赉⑩，善人是富。"虽有周亲，不如仁人。百姓有过，在予一人。"

谨权量，审法度，修废官，四方之政行焉。兴灭国，继绝世，举逸民，天下之民归心焉。

所重：民、食、丧、祭。

宽则得众，信则民任焉，敏则有功，公则说。

【注释】

① 咨（zī）：表示赞美的感叹词。

② 天之历数：天命，这里指帝王相承的次序。

③ 允：真诚，诚信。

④ 执：坚持。

⑤ 予：我。

⑥ 履：商汤的名字。

⑦ 玄牡：黑色的公牛。

⑧ 皇皇：伟大。

⑨ 朕：从秦始皇起专用作帝王的自称。

⑩ 赉（lài）：赏赐。

【译文】

尧说："啧啧！舜啊！上天的任命已经落在你的身上了。你要忠诚地保持正确的方向啊！如果天下的百姓都处于贫穷和痛苦之中，那么上天赐给你的禄位就永远终止了。"舜也用同样的话劝诫过禹。

商汤说："我履，大胆地用黑色的公牛来祭祀祖先，向伟大的天帝祈祷：我不敢擅自赦免有罪的人。我不敢掩盖您臣仆的善恶，对此，您心里很清楚地了解。如果我本人有罪，个要因此牵连天下的百姓；如果天下的百姓有罪，就都由我一人承担。"

周朝建立后，大发赏赐，分封诸侯，使好人都富贵起来了。

论语选译

名师指津

孔子对三代以来的美德善政做了高度概括，可以说是对《论语》全书中有关治国安邦的思想的总结，对后代产生了很大的影响。

名师释疑

不戒视成：没有预先告诫，突然检查工作成果。

有司：官吏的总称，这里指管理财务的小官，有小气的意思。

名师指津

从这里可以看出孔子对德治、礼治社会有自己独到的主张，在今天仍不失其重要的借鉴价值。

周武王说："我虽然有同姓亲属，但他们却不如有仁德的人。百姓如果犯了过错，都由我一个人承担。"

谨慎地审查度量衡用具，审查法度，重修官制，政令就可以通行于天下了。重建被灭的国家，接续已经断绝了的贵族，提拔被遗忘的人才，天下百姓自然就归顺了。

国家应该重视的是人民、粮食、丧葬、祭祀这四件事。宽厚待人，统治者就能得到百姓的拥护；诚实守信用，就能得到百姓的信任；办事勤奋，就会取得成功；事事公正，就会使百姓高兴。

20·2 子张问于孔子曰："何如斯①可以从政矣？"子曰："尊五美，屏②四恶，斯可以从政矣。"子张曰："何谓五美？"子曰："君子惠而不费③，劳而不怨，欲而不贪，泰而不骄，威而不猛。"子张曰："何谓惠而不费？"子曰："因民之所利而利之，斯不亦惠而不费乎？择可劳而劳之，又谁怨？欲仁而得仁，又焉贪？君子无众寡，无小大，无敢慢，斯不亦泰而不骄乎？君子正其衣冠，尊其瞻视④，俨然人望而畏之，斯不亦威而不猛乎？"子张曰："何谓四恶？"子曰："不教而杀谓之虐；不戒视成谓之暴；慢令致期谓之贼；犹之与人也，出纳之吝谓之有司。"

【注释】

①斯：才，就。

② 屏（bǐng）：排除。

③ 费：浪费。

④ 尊其瞻视：目光威严。

【译文】

子张问孔子说："如何才能管理国家政事呢？"孔子说："尊重五种美德，排除四种恶政，就可以管理国家政事了。"子张问："五种美德是什么？"孔子说："君子对百姓施以恩惠却不浪费；让老百姓辛苦劳作，却不产生怨恨；追求仁德，而不贪图财利；仪态庄重而不傲慢；威严却不凶狠。"子张问："什么是施恩惠却不浪费呢？"孔子说："让老百姓做能使他们自己获得利益的事情，这不就是让百姓获得实惠却不浪费吗？让老百姓选择他们自己能干的事情，谁还会怨恨呢？自己追求仁德并且得到仁德，还贪图其他的干什么呢？无论人数多少，势力大小，君子都不敢怠慢他们，这不就是庄重而不傲慢吗？君子衣冠整齐，目光严肃端正，很有威严，让人见了就心生敬畏，这不就是威严而不凶狠吗？"子张问："那四种恶政是什么呢？"孔子说："事先不经教化，就加以杀戮叫作虐；事先不加告诫，就要求立刻获得成功，叫作暴；命令下达很晚，不加监督，又要求限期完成，叫作贼；同样是给予财物，出于却很吝啬，这就叫作小气。"

20·3 孔子曰："不知命，无以为君子也；不知礼，无以立也；不知言，无以知人也。"

名师指津

孔子从"知命""知礼""知言"三方面，总结了自己的人生经验，重申了君子的人格问题。所提倡的"天命"是希望人们面对现实，脚踏实地，按照客观事物的发展规律办事。

论语选译

【译文】

孔子说:"不懂得天命,就不能做君子;不懂得礼仪,就不能立身处世;不知晓别人的言论,就不能了解这个人。"

名师赏析

《尧曰篇》一改《论语》惯用的记录孔子与其弟子论答问对的形式,以古代圣王的告诫做结篇。该篇十分简洁精当地阐述了历史和时代赋予政治家们的机遇、使命以及从政者必须承担的责任、必须具备的素质,是孔子从政治国理念的至高原则。

学习借鉴

好词

尊其瞻视　不戒视成　四海困穷　正其衣冠　劳而不怨

好句

* 宽则得众,信则民任。
* 兴灭国,继绝世,举逸民。
* 君子惠而不费,劳而不怨,欲而不贪,泰而不骄,威而不猛。

思考与练习

1. 读完《尧曰篇》，你有什么感悟？用 300 字描述出来。

2. 如何理解"不知礼，无以立也；不知言，无以知人也"这句话的含义？